贵州省出版发展专项资金资助

贵州世居民族文化书系

宋健　主编

鼓楼侗歌

GULOU DONGGE

欧阳大霖　编著

贵州出版集团
贵州民族出版社

图书在版编目（CIP）数据

　　鼓楼侗歌：侗族 / 欧阳大霖编著． -- 贵阳 ： 贵州
民族出版社，2014.6（2020.7 重印）
　　（贵州世居民族文化书系 / 宋健主编）
　　ISBN 978-7-5412-2140-8

　　Ⅰ．①鼓… Ⅱ．①欧… Ⅲ．①侗族－民族文化－贵州
省 Ⅳ．① K287.2

　　中国版本图书馆 CIP 数据核字（2014）第 088496 号

贵州世居民族文化书系
鼓楼侗歌·侗　族
宋　健　主编　欧阳大霖　编著

出版发行	贵州民族出版社	
社址邮编	贵阳市观山湖区会展东路贵州出版集团大楼	550081
印　　刷	山东龙岳文化传媒有限公司	
开　　本	787mm×1092mm　　1/16	
字　　数	190 千字	
印　　张	12	
版　　次	2014 年 6 月第 1 版	
印　　次	2020 年 7 月第 3 次	
书　　号	ISBN 978-7-5412-2140-8	
定　　价	38.00 元	

贵州侗族分布示意图

聚居 散居

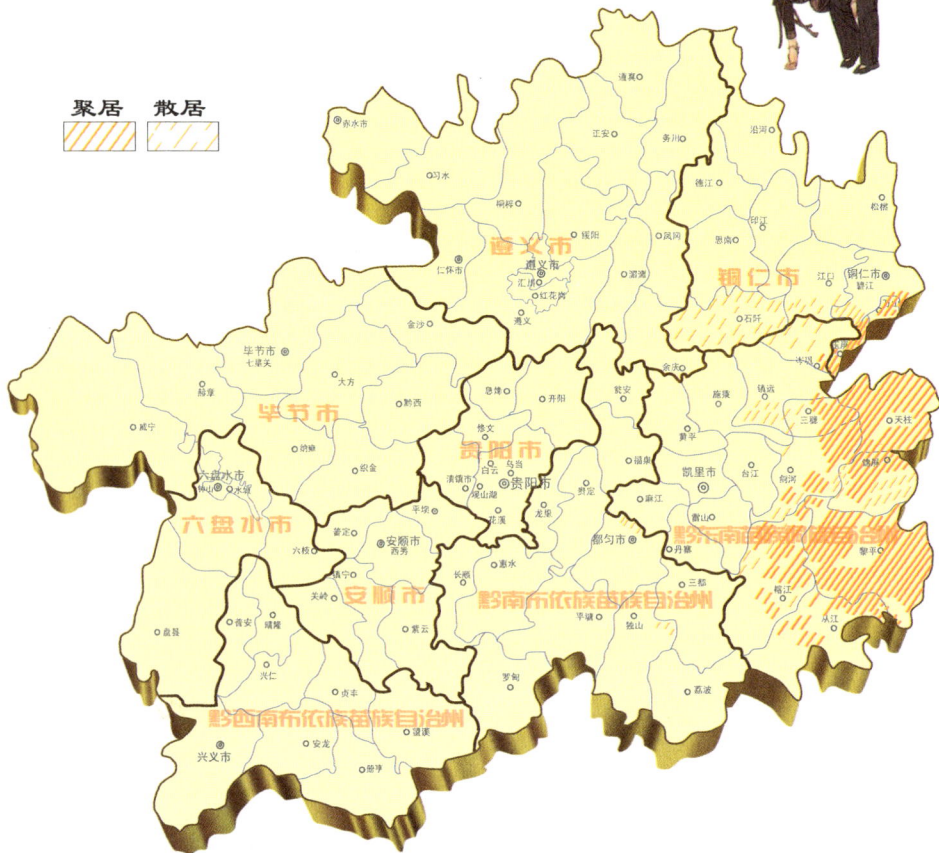

多彩高原的民族共存

——《贵州世居民族文化书系》总序

　　多彩的贵州，神奇的高原。对于初次来到祖国大西南贵州省的人来说，触动心灵的不仅是苍山如海、溪河清澈、森林碧绿、峡谷幽深，更有那不同民族同胞悠扬的山歌和异彩的服饰。在这个有17.6万平方公里面积和600年建省历史的省份，数不尽的青山翠谷中生活着18个世居民族，他们从哪里来？世世代代如何与周围环境共处？以怎样的生活方式和民族风情为世界增光添彩？让读者朋友在轻松的阅读中了解这一切，就是我们出版这套《贵州世居民族文化书系》的目的。

　　贵州是一个多民族的省份，少数民族人口约占全省总人口的38%，全国56个民族成分贵州都有分布，而称得上"世居民族"的则有汉族、苗族、布依族、侗族、土家族、彝族、仡佬族、水族、回族、白族、瑶族、壮族、畲族、毛南族、仫佬族、满族、蒙古族、羌族等18个兄弟民族。从历史和民族源流看，除来自北方的回族、蒙古族、满族外，汉族属古代的华夏族系，其他各族分属古代的氐羌、苗瑶、百越、百濮四大族系。从地理位置看，贵州位于云贵高原东部，处于四川盆地和广西、湖南丘陵之间，是由高原向平原和丘陵过渡的地带。这种特殊的地理位置，使贵州历史上成为南方四大族系的交汇之地，成为民族迁徙的大走廊。在漫长的历史长河中，不同民族的融合，不同文化的相互影响，以及战争带来的多次大规模移民的进入，形成今天贵州多民族共存共荣的社会。

民族文化，指各民族在历史发展中创造的带有民族特点的文化，包含物质和精神两个方面。存在决定意识，由于贵州地处生态环境较为脆弱的喀斯特地貌带，各族群众敬畏自然，珍惜上天赋予的生活资源，注重生产方式与自然生态的和谐平衡，有着享誉世界的农业文化遗产"稻鱼鸭系统"，与草木"认干亲"的林业等生产方式和生活形态，无不彰显人与自然的和谐共处。

贵州历史上"连峰际天兮飞鸟不通"（王阳明《瘗旅文》）的交通困局，形成了十里不同风，百里不同俗的"文化千岛"，民族风情古朴浓郁，多姿多彩，如苗族的姊妹节、芦笙舞，布依族的八音坐唱，侗族的行歌坐月、侗族大歌，彝族的火把节，土家族的摆手舞等。而600多年前明王朝对贵州的大规模开发，江南的百万汉族移民以屯军、屯民的方式来到贵州，形成数百年的屯堡文化，至今成为明代文化遗存的奇迹。可以说，正是青山绿水与多民族的和谐共存构成了今天多彩的贵州。

我们这套书以大专家写小丛书为特点，以轻松阅读获取知识为目标，以直观图像结合想象力发挥为手段，采取宏观叙述与田野案例穿插叙事的方法，力图写成民族历史文化的故事书，内容虽然通俗易懂，生动有趣，但都是以坚实的学术研究为基础的，能够让读者在愉快的阅读和浏览中获取正确的知识。

"黔山秀水，神秘夜郎；多彩民族，千岛文化。"这是书系力图展示的贵州形象。愿书系成为我们大家了解贵州、欣赏贵州、热爱贵州的一个窗口。

《贵州世居民族文化书系》编委会

目 录
Contents

引言

　　贵州侗族主要聚居于黔东南苗族侗族自治州的黎平、天柱、榕江、从江、锦屏、三穗、镇远、岑巩、剑河及铜仁市的玉屏侗族自治县、万山区及石阡县、江口县等地，尤其以黎平、从江、榕江等地保存传统文化最为典型。鼓楼、风雨桥、侗族大歌是侗族的象征。

　　贵州侗乡鼓楼、风雨桥、寨门、吊脚楼鳞次栉比，多声部侗族大歌、悠扬婉转的琵琶歌、豪迈奔放的山歌、缠绵幽咽的河歌……汇集成"歌的海洋"！每座侗寨都是侗族文化生态博物馆。

　　走进群山掩映之中的侗寨，首先映入眼帘的往往是高耸入云的鼓楼。鼓楼是杉木结构的塔形建筑物，整个建筑不用一钉一铆，全部靠卯榫衔接，是侗族民间建筑技艺的综合展示。除了具备雄伟的外形之外，鼓楼还是侗族社会政治文化中心，具有不可替代的重要作用，同时具备诸多功能，是侗寨议事、集会、娱乐、休息的场所。世易时移，鼓楼的防御功能基本丧失，然诸如迎宾、送客及议事功能依然传承至今。客人到来，热情的侗族同胞会在寨门设下"路障"，端上清醇的米酒、奉上热情的歌声，芦笙、歌声不绝于耳，真可谓酣畅淋漓……

　　侗家人生于山野，崇尚自然。侗家人的生活轨迹与自然密不可分，生于自然，养于自然，死后回归自然，人与自然浑然一体。清水江畔的座座杉树木楼、都柳江边的株株参天古榕，是侗家人亲山近水的见证。侗族先民们领悟了靠山吃山的生活哲学，总结出了一整套育林的生产技术，世代相传，青山常在，山有多高水就有多长……在侗族民众心中，山水树木不仅是旺盛生命力的象征，更被赋予了灵性，尤其是村头寨尾那些硕大无比的保寨树，承载着全寨的安危和精神寄托，神圣而不可侵犯。一方水土养育一方人，层层梯田是侗族民众的生活源泉，侗家世代于斯，春种夏耘秋收冬藏，简单的生活轨迹成就了别具一格的生存智慧。

侗族是歌的民族。侗家人无时不歌、无事不歌，且形成了老年人教歌、中青年唱歌、青少年学歌的传承体系。侗族大歌自 20 世纪中叶便走出国门，1986 年在法国巴黎金秋艺术节上震惊了西方世界，被西方音乐家们称谓"清泉般闪光的声音"。2006 年，侗族大歌成为首批国家级非物质文化遗产，2009 年 9 月，《贵州侗族大歌》列入联合国《人类非物质文化遗产代表作名录》，成为贵州优秀民族传统文化的闪光名片。

纵观历史，贵州侗族可谓是一个与时俱进、兼容并包的智慧民族。侗族民间自发组织的款约社会，被誉为"没有国王的王国"。作为侗族民间社会习惯法，款约在侗族社会发挥着极其重要的社会功能，其中涉及的婚嫁改革，向"姑舅表婚"等陈规陋习提出挑战，可谓与时俱进。清水江畔一座座风格迥异的宗祠，体现了侗族民众兼容并蓄的文化理念。在当前这个重视民族民间传统文化的大背景下，贵州侗族的智慧必将得到进一步彰显。

侗族是贵州省世居民族中较有代表性的民族之一，其独特的文化体系，成为贵州少数民族传统文化体系的重要组成部分，通过一代代人的归纳、整理、传承、发展，贵州侗族文化早已向世人揭开面纱，侗乡广博的文化田野需要更多有识之士前来探询，以进一步彰显贵州侗族文化的无穷魅力。

DONGZUZUXIAN

侗族祖先

哪里来

NALILAI

● 丈良丈美造人类 ●

　　侗族是一个跨省区的民族，主要居住于贵州、湖南、广西交界地区以及湖北西部，总人口有近 300 万。居住在贵州的侗族约有 160 万，主要分布于黔东南地区和铜仁地区。侗族操侗语，属于汉藏语系壮侗语族侗水语支。侗语分为南北两大方言，每个方言之下又各分三个土语。根据侗族的生活习俗以及侗语的语音特点和发音规律，循着语言演变发展的历史轨迹，侗族的族属关系可以上溯至春秋战国的越人族群。侗族载之于史是唐宋以后。侗族自越人族群演化为单一民族以来，其历史发展轨迹和其他百越族群后裔一样，历经民族祖先的不断迁徙和演变发展，最后形成现今的人们共同体。

　　侗族在为生存而不断与自然作斗争的过程中，创造了独特的精神文化和物质文化。

人所以有今天，

是丈良丈美做了我们的先父先母；

人今天终于繁荣幸福，

是丈良丈美播下火种、五谷。

——侗族古歌《丈良丈美》

在侗族创世古歌中，关于人类起源的主要包括《龟婆孵蛋》、《洪水滔天》、《丈良丈美》等。侗族《起源之歌》中讲到，开天辟地之后，有四个龟婆来孵蛋，孵出松恩和松桑。

松恩和松桑结合，生了12个子女，他们是虎、熊、蛇、龙、雷婆、猫、狗、鸭、猪、鹅和丈良、丈美。12个兄弟姐妹在一起，经常会相互争强逞能，为了比出谁最有本事，于是他们兄弟姐妹相约上山比武，胜者为兄姐，败者为弟妹。

兄弟姐妹们到齐后，龙、虎、雷婆等各显身手，丈良便放火烧山，使得浓烟入云，火焰冲天，整个山坡完全被火焰笼罩。

松恩和松桑作为父母，看到孩子们为了争强逞能而身陷火海，心里难受，呼儿喊女声回荡山谷，最终形成了"猛虎进山，龙入江，长蛇入洞，雷上天"的结果。

雷婆逃上天后，发誓要报仇。于是云起天昏，风起地暗。雷声轰隆，瓢泼大雨

侗族洪水滔天神话故事浮雕

一直下不停。雷婆叫蛇堵塞水井，叫龙截断河道，想淹死丈良丈美。

丈良丈美在大葫芦的保护下逃过洪水劫难，决心重创世界。丈良丈美天天出门寻找伴侣，结果在老鹰那里得知世间只剩下他们兄妹两个人，要想延续人类，只有他兄妹做夫妇……

妹妹最初不愿意与哥哥成婚，认为这有悖人伦："不思同胞共父母，如何姊妹结成婚？"于是采取了一系列的措施，以求回避这一问题。在上天的提示下，兄妹二人通过滚石磨、焚香等决定是否成亲，结果两扇石磨从山顶往下滚，在山下自然贴合，两股青烟也在空中汇集在一起，丈美不得不同意跟哥哥成亲。

兄妹成婚后生下一个肉团："有头无鼻，有脚无手，有头不会看天，有脚不会走路"，"呼他不应，喂他不食"。丈良丈美无计可施，认为这个肉团是怪胎，于是将它砍成碎块放箩筐，把肉丢进山林。谁知第二天"山上山下，河边溪头，人声笑语，炊烟浮游"。

原来砍下的肉团碎片全部变成了人：

骨头变成了苗族，苗族人大都在坡上落户，他们个个强筋硬骨。

肝肺变成了今天的瑶族，瑶族人体质强壮，面部乌红，他们的衣服像肺一样花花绿绿。

侗乡山水

　　肌肉变成侗族，侗人老实、温和，能歌善舞。

　　脑汁变成汉人，汉人善思，心灵手巧，掌握许多生产技术。

　　人类再次得到繁衍，丈良丈美还造了千千万万个姓氏，姓姓繁衍无数人，大家安居乐业。

　　今天侗族社会的傩戏中，仍然将丈良丈美作为傩公傩母供奉，而且丈良丈美脸谱的颜色有鲜明对比，其中丈良的脸因为被太阳照射，显得黝黑，而丈美一直在葫芦里面，所以保持了正常肌肤颜色。侗族同胞通过跳唱傩戏的形式，表达对丈良丈美再造人类伟大功绩的赞颂之情。

侗乡景象

● 越人后裔 ●

侗族是一个有着悠久历史的民族，当前学术界对于侗族是古越人后裔之说比较认同。

早在商代，"越"即作为族称。据相关文献记载，越族群支系复杂、称谓繁多，包括大越、干越、于越、骆越、滇越、东越、西越、南越、内越、外越等，春秋战国时期即在东南沿海大部分地区活动。

学术界从语言、文化、居住、发式、饮食、信仰等方面研究，认为侗族系百越族群中骆越支系后裔。

侗族语言属于壮侗语族侗水语支，在汉代刘向的《说苑·善说篇》中，记载有一首《越人歌》：

今夕何夕兮，搴舟中流。

今日何日兮，得与王子同舟。

蒙羞被好兮，不訾诟耻。

心几烦而不绝兮，得知王子。

山有木兮木有枝，心悦君兮君不知。

民族学者根据民族语言比较的方法，将现存越人文献史料与侗族语言对比研究，发现侗语与《越人歌》等文献史料表达方式存在很多相同或相似的地方，因此，认为《越人歌》是中国古代使用壮侗语族语言民族的古老民歌。

当前侗族社会还保存着很多与古文献记载相似的古越人文化特征，如椎髻、铜鼓、鸡卜等文化元素。这些文化现象是古越人文化的遗存。

居住多呈"干栏"特征。侗寨大多由干栏式吊脚楼组成，这是古越人创造的独特居住方式，即使过去几千年，侗族社会还是在"干栏"式吊脚楼中生活，这是对古越人居住习俗的坚守，也是对古越文化的发展。

古越人像

　　侗族妇女椎髻与文献中记载的古越人发式基本一致。侗族社会男子剃发、剪发，女子留长发挽发髻有着久远的历史，老人去世也要沿袭这一传统，这与《淮南子》、《史记》、《汉书》等记载的古越人发式基本一致。

　　此外，侗族饮食习惯中的喜欢吃异物，传统信仰中的凿牙、鸡卜及相信鬼神等，都是古越文化的孑遗。

越人后裔

● 祖先溯源大迁徙 ●

我们祖公从那梧州出，
几千里路跋涉到洛香。
因为走投无路才出来，
沿河寻找可以居住的地方。

——侗族古歌《祖公来源歌》

贵州侗族主要聚居于黔东南苗族侗族自治州的黎平、从江、榕江、天柱、剑河、锦屏、三穗、镇远、岑巩以及铜仁市的玉屏侗族自治县、万山、石阡等地。侗族主要从事农业、林业生产，聚居地大多依山傍水、风光旖旎。

侗族作为贵州省的世居民族，长期生活在贵州省境内，由于没有自己的文字，侗族的历史源流等问题基本上以口耳相传的方式流传于侗族民间社会，其中以歌谣形式流传较多，如《侗族祖先哪里来》、《祖公来源歌》、《祖公上河》等等。

从广泛流传于侗族地区的古歌中，我们可以了解到侗族的迁徙路径大致是从两广沿着江河逐渐迁入贵州山区。在《祖源歌》中，有这样的歌词：

当初我们侗族的祖先，住在那梧州一带；

当初我们侗族的祖先，住在那音州地方。

因为侗语与古越人的语言大致相同，侗族文化特征也与古越人相似，而且在一些生活习俗中都保存着不少与古越人相近似的特征，所以侗学研究者一般认为侗族是古代越人骆越支系的后裔。近年来，在天柱、榕江等地先后出土了不少古陶器、青铜器、铁器文物，对进一步考证侗族源流等问题起到了积极的佐证作用。

《侗族古歌》书影

随着历史的不断演进，侗族社会在对外交流方面发生了翻天覆地的变化。唐宋时期，封建王朝加强对少数民族地区的管理，通过羁縻政策，使得不少外来文化深入侗乡腹地，侗族民众以包容的心胸接受外来文化，民族之间通婚较为普遍，加之侗族款约文化不断发展，侗族特征得以不断彰显。

侗族是一个追求和平、安定团结的民族。侗家人将侗族地区视为一个大家庭，大家是一家亲，有饭同吃，有歌同唱，有难同帮，社会和谐是共同的愿望和目的。侗族大歌的《忆祖宗歌》唱道：

祖公沿河往上走，扶老携幼向前行……各朝一方走，分成几路行……三男落到古州，所以古州叫"三宝"；四男落到水口南江，地名叫做"四脚牛"；六男落到皮林、龙图一带，如今叫"六洞"；八男落到潘老、口团，如今叫"八洞"；九男落到"九洞"，那就是信地、增冲一带。

这首古歌告诉了侗族地区的人们，大家都是同根生，是祖先历尽千辛万苦寻觅，才把我们繁衍在这片安详的土地上，大家要同呼吸，共命运，共生共荣。

侗乡礼俗

侗族民众除了内部团结之外，还与邻近兄弟民族和谐相处。纵观整个侗族社会历史，侗族同胞没有与周边兄弟民族发生任何战争，往往都是主动与邻近兄弟民族和睦相处。在古歌《祖公上河》中，讲述了侗族祖先与苗族祖先共同迁徙的故事：

上了四月春水涨，沿河搬迁难上难。

苗侗祖先细商议，砍木造船闯难关。

……

两家祖先结伴走，兄弟情谊万代传。

古歌中苗族、侗族祖先和平相处，亲如兄弟，共同攻坚克难，寻找生活的乐土。千百年来，苗侗同胞一如既往地沿袭祖先的优良传统，相互包容，共同发展。

侗族

侗族，主要分布在贵州的黔东南苗族侗族自治州、铜仁市；湖南的新晃、通道、芷江、靖州、会同；广西的三江、龙胜和湖北的宣恩、恩施、利川、咸丰等地。据2010年第六次全国人口普查人口统计全国侗族共有2879974人，其中贵州省143万人。

贵州侗族主要分布在贵州省东南部的黔东南苗族侗族自治州黎平、从江、榕江、锦屏、天柱、三穗、剑河、镇远、岑巩等县以及贵州省东部铜仁市的玉屏侗族自治县、江口县、石阡县、万山区等。侗族主要操侗语，侗语属汉藏语系壮侗语族侗水语支的一种语言，分南、北两大方言。

山区稻田

● 西进也是侗家人 ●

关于侗族的族源问题，有一种说法认为来自江西。

宋元时期，今天的侗族地区虽然已有侗族土著居住，但是由于属偏远山区，中央政权往往难以企及，可以说仍是"化外之地"，不少江西籍的汉人，因为战乱或不堪忍受封建统治者的剥削压迫，逐渐迁入侗族地区，与侗族先民一道生活。

到了明代，朱元璋为了进一步加强中央对各地的掌控，巩固地方政权，以便加强封建统治，沿袭元代旧制，在"随军有功"人员任长官司的基础上，进一步在侗族地区安屯设堡，"拨民下寨"，对侗族人民实行军事统治，而这些人大多是来自江西吉安府的汉人。

据《黎平府志》记载：当时府属的潭溪、新化、洪洲、欧阳、隆里、亮寨、中林、古州、湖耳、三朗等地，计有正副长官司十五人，籍隶江西者十三人，其中又有十一人是太和县的。当前侗族地区中，有家谱记载的各大姓氏都说自己的祖先来自江西吉安府吉水县或太和县，这跟当时的士民大量迁入贵州并定居侗族地区的历史吻合。

随着历史不断演进，这些自称江西迁入侗乡的人群，慢慢融入侗族同胞的生活，通过相互学习、交流、通婚等形式，逐渐融入了侗族社会，在服饰、语言以及生活习俗等方面，均与附近侗族相同，成为侗族的重要组成部分。

事实上，每个民族都是在历史不断融合过程中得以形成的，侗族作为一个单一民族在社会发展过程中，通过学习各兄弟民族先进文化知识，使自身得到不断发展。而一些迁入侗族地区生活的其他民族同胞，在不断融合的过程中，客观地促进了侗族社会的发展。

YISHANBANGSHUI

依山傍水
的民族

DEMINZU

● 一个稻作民族的回望 ●

　　侗族以大米为主食，且特别喜好糯食。大米是侗族一年四季赖以生存的食物，这除与侗族的居住环境有关外，还与侗族的历史有渊源。

　　侗族是百越的后裔，不论在语言上，还是在风俗习惯上，都遗留着越人的习俗。历史上，越人生活的区域在长江流域，而长江流域是我国原始农业的发祥地之一，气候温和湿润，阳光充足，雨量充沛，适合水稻生长。古越人曾有耕"鸟田"之说，这不论是史载或是出土文物皆有佐证。侗族在成为单一民族之前，作为百越族群之一，水稻耕种是其最主要的生产方式。自南迁和西移而成为单一民族后，侗族一直沿袭着古越人的农耕生活方式和水稻种植习惯。

　　从现在侗族居住区域来看，十

分适宜水稻种植，并且为适应西南山区的自然环境和条件，侗族和其他山区民族一样开发出了遍布山山岭岭的梯田，创造出了具有地域特色和民族元素的水稻耕种方法及稻田灌溉方式。无论是居于山间溪畔还是住在水边坝区的侗族村寨，近处寨边皆有或大或小的连片稻田，远处山岭都是或高或低的层层梯田。坝区或向阳处水田宜种粳稻，山冲背阴处烂冬田适合种糯稻，这是侗族人民在长期水稻种植过程中总结出的生产经验。

每到立春过后，侗乡村村寨寨的人们就开始忙碌起来，蓄水养田、翻土犁田、播种插秧，无一不展示着一个农耕民族劳碌和繁忙的劳动生产景象。由夏入秋，侗乡金灿灿的田野上同样是劳作的场景。人们忙着将收割后的稻谷运回粮仓，届时，村村寨寨的房前屋后，排列着一架架挂满糯稻的禾晾，形成一幅幅大地遍丰收的生活画面。那一架架黄灿灿沉甸甸的禾晾，体现了侗族作为稻作民族所具有的智慧，更塑造了侗族在长期生产生活实践中提炼出来的民族性格。由于侗族人民善种糯稻，加上为适应生活及劳动环境的需要，造就了侗族普遍喜糯食的习性。现在，侗乡出产的香禾糯远近闻名，成为当地的特色产品远销省内外，也是人们馈赠亲朋好友的绝好礼物。

回望历史，祖先披荆斩棘之路历历在目，侗族人民在积累先人用汗水甚至生命为代价换来的宝贵生产生活经验的同时，也为后人创造了令人刮目的优秀民族文化，并以此为基础屹立于中华民族之林。

享誉世界的稻鱼鸭系统

　　侗族民众主要聚居于青山绿水之中，主要靠农林生产满足自身生活所需。在长期的生产生活过程中，侗族民众创造了科学的种植养殖方法，入选我国第一批重要农业文化遗产的稻鱼鸭系统便是其中的典型。

侗乡稻田

　　人靠田地出产的粮食生活，而田地更需要人的精心管理。侗乡都山清水秀，每一块稻田都是靠山涧清泉浇灌，加之聪慧的侗族同胞巧妙地使人与自然之间的默契发挥到了极致，创造了生产生活的诸多奇迹，稻田养鱼养鸭就是一个良好的变废为宝的循环系统。

　　每年谷雨前后，侗乡层层梯田成为侗族同胞活动的主要场所，秧苗插入稻田的同时，将鱼苗同时放入，等到鱼苗长到两三指大，再把鸭苗放入稻田之中。稻田为鱼和鸭的生长提供了生存环境和丰富的食

稻田新貌

物，鱼和鸭在觅食的过程中，不仅为稻田清除了害虫和杂草，而且鱼和鸭的来回游动搅动了土壤，无形中帮助稻田松了土，鱼和鸭的粪便又是水稻上好的有机肥，保养和育肥了地力。

稻鱼鸭系统在同一块土地上既产出稻米又有鱼鸭，为侗乡人提供了丰富的生活资料，并产生极大的生态效益，如有效控制病虫草害、增加土壤肥力、减少甲烷排放、储蓄水资源、保护生物多样性等。

糯稻收获的季节，田鱼也长大了。摘禾时捉上几尾田鱼，在田间地头用火一烤，就是人们辛苦劳作后最好的犒劳。新摘下来的稻谷，拿到火炭上烤烤吃，也是满嘴喷香。摘下的一把把糯禾挂在寨前的禾晾上，捉来的田鱼加工后置于醇香的木桶中，侗族同胞世代如此，绵延至今，他们正是通过自己的智慧，适应了自然条件，在与自然和谐相处的过程中尽量满足自己的生活所需。

科学合理的稻田鱼鸭生态循环养殖系统千百年来一直保障着侗族地区的食物供应体系，实现多种资源的不间断利用，为人类特别是稻作地区提供了一个综合利用自然生态系统的典型。因此，联合国粮农组织于2011年6月将贵州从江侗乡稻鱼鸭复合系统列为全球重要农业文化遗产保护试点。

● 栽杉育桐成传统 ●

侗族地区经营人工林已经有数百年历史，明清时期，侗族地区原木外销便初具规模，其中价格较高、最便于外运的便是杉树原木。侗族先民在经营林业过程中形成了一套科学的栽育模式，即讲究复合型育林。尽管侗族经营的是人工林，但他们的人工林与天然林之间，在物种结构上却极其相似。人工有意识种植的树种，除了控制藤蔓类植物生长外，对主种的杉树植株都是管护而不包揽。及时把出现病害的杉树苗间伐掉。因此，侗族地区的林区优于任何形式的人工用材林，绝少遭遇病虫害的袭击，而且积材量在国内外处于领先水平。侗族传统生计中对森林资源的收获方式也十分独特。一般意义上的人工林都有间伐和主伐的区别，但在侗族地区的人工林经营中，并没有主伐这一概念。人工精心培育的杉树，总是长成一株间伐一株，从不剃光头。

用材木的间伐，一般都使用斧头，而不使用锯子，为的是不撕离杉树树干中的形成层，确保杉树苗砍伐后能够再生。砍伐的时间选在秋后，砍伐后用糯米浆淋洗留下的树桩。来年，这些树桩都能萌生杉树苗。而且这样萌生的杉树苗生长速度极快，八年就可以成材。因而，他们

油桐

对木材的收和种不是两个作业程序，而是一个作业程序。在采伐过程中绝不扰乱森林生态系统的原有结构，既不干扰非采伐对象一切生物的生长，又不导致因地表暴露而造成不可避免的水土流失，更不留下空缺生态位，给生物入侵留下隐患。这才使得侗族的人工林区稳定延续性能达到了惊人的程度，持续经营数百年，其生态系统均观察不到退化的征兆。

　　林业生产是侗族社会的主要经济收入之一，因此，在侗族社会形成了一些与栽种树木有关的民间习俗，"十八杉"便是一个典型。"十八杉"是流行于贵州省天柱、锦屏等地的传统风俗：当孩子呱呱坠地时，家里人就在山坡上为之栽种一百棵杉树，并给予细心的养护管理，十八年后，孩子长大成人了，杉树也长大成材了。这时，姑娘该出阁了，家人便上山砍伐这些杉树拿去卖，用以给姑娘置办陪嫁的嫁妆。待男儿娶亲

杉树

时，家人上山砍来杉木，为他建造吊脚楼。于是，当地称之为"十八杉"。

除了培育杉林之外，侗族先民还大力发展经济林。其中对油桐的栽种也是历史悠久，影响较大。如锦屏县三江镇因位于清水江畔，交通便利，曾经作为侗族地区的一个重要贸易集中地，将侗乡生产的桐油源源不断地运到长江中下游城市，同时将侗乡所需的生产生活资料带到侗乡腹地，大大改善了侗族民众的生产生活条件。

● 侗乡景致：梯田·摘糯·禾晾 ●

长期生活在山区的侗族先民为了适应环境，获取生活资料，因地制宜开辟了很多梯田，其中位于黎平县肇兴的堂安梯田最负盛名。

堂安侗寨是难得一见的落寨于山顶的侗寨，是第一座侗族生态博物馆。站在堂安侗寨寨门，远眺群山，近观梯田，可以想见，在布谷鸟唤醒大地的阳春时节，盛满山间泉水的梯田如一面面闪光的银镜，有序地依山排列，在日光的照射下，发出熠熠光芒；在蝉儿欢娱的盛夏，层层翠绿的秧苗随着清风送来阵阵清香；收获的深秋，金黄色的稻谷

收割后

梯田

在徐徐山风的吹拂之下如黄龙般起伏；寒冷的冬季，则如沉睡般蕴含沉寂，畅想来年。不管是哪个时节，侗乡梯田都会给游人清新醉美的感受，让人流连忘返。

侗乡遍地是梯田，堂安梯田之所以别致，主要在于别处的梯田大都是泥土垒出来的田埂，而

这里却是用石头堆砌而成的。大概是因为这里山形较陡，加上山中石头较多，难以平整土地，所以只好垒石填土为田。然而，建石砌梯田是很讲究的，据寨子里的老人说，用石头砌田，不能人多，只能一个人干，人多了，田砌不好，会垮。于是，堂安的后山上留下了一个长城般的石砌梯田，也留下了一段传奇：清光绪四年（1878年），已是61岁高龄的潘传大决心为后人造一块好田。从此，他12年如一日，吃住都在山上，而且亲自挑石上山，终于在他73岁那年完成了这块长约150米，最矮处1.5米、最高处5米多的梯田杰作。时光荏苒，100多年过去了，潘传大可能不曾想到，在他百年之后，"长城梯田"仍然屹立在这里，向游客们展示着侗族人民精深的稻作文化和不屈服于恶劣生存环境的奋斗精神。

霜降前后，侗乡山间梯田里的糯稻到了收获的季节，侗族同胞们纷纷来到田间收获自己的劳动果实。在收获的季节，无论是稻田中、山路间、木桥上，还是村寨的青石板路，都可以看到肩挑禾把的人的身影。

虽然到了收获时节，但是其过程还是格外艰辛。在高低不平的山地梯田收割稻子，只能用当地传统的摘禾刀，一穗一穗地切断禾谷，

侗乡禾晾

这使得劳作异常辛苦。

　　传统的摘禾方式还有一个好处，就是可以保持禾草的长短一致，以便将禾把捆扎整齐。侗乡人娴熟的禾把捆扎技术，在外人看来，更像是在完成一件工艺作品。禾把的摆放井然有序，这整齐的背后，却蕴含着晾晒的科学，因为只有保持整齐，才不容易发芽和霉变，更有利于日后晾干和储存。因此侗乡的糯禾收割后是被挂起来晾晒的。

　　由于侗族生活地区山地多平地少，加上糯稻收获的季节阴雨天气很多，如果脱粒收割，很难等到晴朗的天气晾干，不利于储藏。

　　糯禾悬挂最集中的地方是在当地人称为禾晾的木架子上。一排排禾晾上挂满了金黄的糯禾，是侗乡一道独特的景观。然而，禾晾的木架并不是设置在自家的房前屋后，一般是在离村寨较远的地方。这主要是为了防火。因为在侗族地区全都是木头建筑。如果把所有粮食全部放在家中，一旦失火，一家人的口粮便化为乌有，把禾晾放在离家较远的地方，如果需要，便取一点拿回来放到谷仓里面，这充分显示了侗族同胞的生存智慧。

　　糯禾的收割并不是一次完成，因此，晾晒也是分批进行的。爬在禾晾上的人将长长的棕绳一头系在腰上，另一头抛给站在禾晾下的人紧握着，将一把把晾干的糯禾沿着棕绳滑下，以便腾出空间挂上新的禾把。

　　禾把被依次挂到禾晾上，刮风下雨都无须看管，等晾干后再拿下来存放到谷仓，非常方便。

YONGGESHENG

用歌声
传承历史

CHUANCHENGLISHI

● 世界遗产：侗族大歌 ●

汉人有字传书本，
侗家无字传歌声；
祖辈传唱到父辈，
父辈传唱到儿孙。
　　　　——侗族民歌

2009 年 9 月 30 日，联合国教科文组织保护非物质文化遗产政府间委员会第四次会议在阿联酋首都阿布扎比结束，来自全球 114 个国家和地区的 400 多名代表出席了会议。通过专家评审委员会审议并批准，侗族大歌与全球 76 个优秀项目一起入选联合国《人类非物质文化遗产代表作名录》。消息传来，侗族人民无不为之欢欣鼓舞和感到自豪。侗族大歌从 20 世纪 50 年代第一次走出侗寨、走上世界舞台，纳入音乐人视野，半个多世纪过去了，侗族大歌这一艺术奇葩，终于获得世界认同。

齐唱侗族大歌

　　"饭养身，歌养心"是侗家人的生活哲理，因此，侗乡被称为歌的海洋。侗家人把吃饭与唱歌相提并论，实质上是将歌谣作为最具代表性的精神食粮。朴实的侗族民众认为，唱歌与吃饭同等重要，靠勤耕细作来满足自己的物质需求，用唱歌来满足自己的精神生活。侗族民众在长期的生产生活中创造出了侗族大歌，因其悠扬的旋律与和优美的声音而被赞誉为"人与山水的和声"、"天籁之音"、"清泉般闪光的音乐"、"掠过古梦边缘的旋律"。

　　侗族大歌历史悠久，据说产生于春秋战国时期，至今已有2500多年的历史，早在宋代著名爱国诗人陆游的《老学庵笔记》中就有唱侗族大歌的记载："男女聚而踏歌，农隙时至一二百人为曹，手相握而歌，数人吹笙在前导之。"侗族大歌是一种多声部、无伴奏、无指挥、自然和声的民间合唱音乐。它最显著特点是参加演唱人数多、阵容大，歌曲声部多、音量大，参与听众多、影响大。侗族大歌大致可分为鼓楼大歌、声音大歌、叙事大歌、礼俗大歌、儿童大歌、戏曲大歌等六个种类。

　　侗族大歌不仅有珍贵的艺术价值，而且体现出了多元的和谐理念，它吸收了侗乡天地之灵气，融合侗乡山水之神韵，汇集侗乡人民之智慧，将勤劳朴实、团结友善、礼貌谦让的侗家人的品性与美好纯真的大自然和睦相处的侗族社会关系尽情地演绎和展现出来，是人类和谐的文化遗产。

　　侗寨环境大都是依山傍水，村寨中间耸立雄伟的鼓楼，精湛的花桥横跨溪涧，错落的干栏木楼鳞次栉比，结实的禾仓禾晾排列在水塘上，幽深的青石板路贯通村巷间，别致的寨门守望在村头寨尾。村寨四周古树参天，鸟语花香，地沃物丰。在村寨出入不远的山坳上，修有凉亭，置有凳子，凿有井泉，立有指路碑，供行人休憩、解渴和指路。坡塝上的田畴、菜园、林地依着山势次第向外延伸，山水、田园、村落构成了天人合一的生态家园环境。侗家人自古就懂得了人与自然生态要保持平衡、和谐共生共荣的道理，自觉遵循自然规则，崇拜自然的可持续生存发展观。从而使侗家人的心灵受到大自然的美化，情操受到大自然的熏陶，人性受到大自然的洗礼。

侗族大歌千人唱

侗族大歌

侗族大歌据说起源于春秋战国时期，至今已经有2500多年的历史，是侗族南部方言地区一种多声部、无指挥、无伴奏、自然和声的民间合唱形式。1986年，在法国巴黎金秋艺术节上，被认为是"清泉般闪光的音乐，掠过古梦边缘的旋律"。2009年9月28日，侗族大歌入选联合国《人类非物质文化遗产代表作名录》和《急需保护的非物质文化遗产名录》。

侗族大歌就是在人与自然和谐的秘境中产生和传唱开来的，因为侗族优美和谐的人居环境，为侗族大歌提供了厚实的艺术根基。侗族大歌就是侗家人模仿大自然中的百鸟齐唱、蝉虫合吟、潺潺流水、林海涛声等和声而形成的原生态音乐艺术品。关于侗族大歌的来源有这样一个传说：相传很久以前，侗族的祖先居住在一个山林莽莽、溪水潺潺的地方，日复一日地过着日出而作、日落而息的单调生活。有一天，男女老少到山上耕作，大家坐在树下休息时，忽听到树上的百鸟齐鸣，百虫齐唱，这声音婉转动听，此起彼伏，大家被这来自大自然的优美声音深深地吸引住了，他们边听边学，边哼边唱，自觉或不自觉地模仿这些鸟鸣虫唱的声音和旋律，有时悠扬婉转，有时清丽明快，有时激昂忧伤，声音十分动听悦耳，越学越有味，越学越起劲……就这样，他们白天一起上山劳动，晚上又一起把白天学到的声音和旋律拿到鼓楼里来学唱，日长年久，就形成了侗族大歌。可以说，侗族大歌植根于人与自然和谐的深厚沃土中，是人与自然和谐的艺术再现和提炼。

侗族社会生活中，歌谣是传承交流本民族的历史和文化的重要载体。侗族大歌就是侗家人一代又一代口传心授传承下来的。在侗乡，老年人教歌、中青年唱歌、青少年学歌已然成为传统，在侗乡的人际交往活动中，歌是重要的桥梁和纽带。

古时候侗族由于没有文字，因此只能以歌代文，以歌记事，以歌载道，以歌育人。在侗寨里一般都自发组成有传、教、唱侗族大歌的组织——"歌班"或"歌队"。这种组织一般是由同一村寨或同一宗族的人群组成，这些歌班（队）的成员，农闲时聚在一起学歌练歌，农忙时互助劳动，不仅是唱歌的"合作组织"，而且是生产劳动的"合作组织"，从而构成了和谐的群体。他们不分年龄、性别、地域在重大的场合同堂唱歌，这就要求歌手们要心平气和，有严密合作的团队精神才能完成。如在黎平、从江、榕江等地举办的重大节日中，就有千人、万人唱侗族大歌的震撼感人场面，创下了世界吉尼斯纪录。

　　在这些习歌、唱歌、教歌的活动中，就是侗家人接受本民族传统文化教育、熏陶、感悟、理解、潜移默化的过程，使他们的人格、心理、行为受到和谐理念的塑造，懂得以和为贵、人人平等、诚实守信、团结互助的为人处世原则，产生了以"和"为主的生活规则。侗家人在唱侗族大歌的过程中，既是一种认同和传承本民族文化的行为，又是一种约定俗成的"集体活动"和"结群互助"的行为，使绚丽多彩的侗族文化生生不息地延续下去，也使侗家人平等互助、团结友爱、同心同德的和谐品质与民族精神不断发扬光大。

　　侗族大歌与侗族的民俗活动密不可分，无论节日、喜庆、婚丧嫁娶、起房建楼、宗教仪式、社交礼俗等民俗活动都要唱歌，可以说是无时不歌、无事不歌。侗族大歌植根于侗族和谐的自然与人文环境的沃土中，贯穿于侗族社会的各个领域，在构建侗族人与社会和谐方面产生了十分重要的作用。

　　人与人之间的友爱、寨与寨之间的情谊在这种以歌为联袂的和谐友好氛围中逐步建立起来，不断加深乃至达到难分难舍的境界。在侗族民间开秧门、庆丰收、求雨、祭桥、斗牛、赛芦笙、赶歌会等集体活动中，都要传唱祭祀和追溯侗族祖先的侗族大歌，教育侗家人要饮水思源、不忘祖恩，发扬团结向上的集体主义精神。流行侗族大歌的地区，不仅形成了和睦共处、互为依存、安定团结的良好风气，而且形成了顾全大局、和善礼貌、注重友谊、尊老爱幼的优良传统。

肇兴侗寨千人侗族大歌

● 吴文彩创侗戏 ●

　　黎平县腊侗村，两百年前出了个侗戏师，就是人称"疯癫戏祖"的歌师吴文彩。

　　吴文彩，生于清嘉庆三年（1798年），他自幼聪明，6岁进私塾，勤奋好学，广读诗文，汉文化水平较高。他20岁开始编歌传唱，几年后，成为侗族地区远近闻名的歌师，被人称为"才子"。他编的歌讲究韵律，比兴得当，易于传唱，很受侗族人民喜爱。如《开天辟地》、《乡老贪官》等，至今仍在侗乡流传。那时，湘西、桂北的汉戏和桂戏已逐渐传入侗族地区，为侗族人民所接受。但由于语言不通，听不懂戏词内容，所以看戏也只能看个热闹，吴文彩和众多爱戏的寨人感到不满足，便立志编创侗族人民自己的戏。当时汉族地区的"汉戏班"仅在节日喜庆日子到侗乡演出，一年只能看到几次。吴文彩决心外出取经，时年29岁。他先后到过黎平府、王寨（今锦平）、古州（今榕江）等地，如痴如醉地看汉戏，看完戏后随即在街上、客栈、饭店等场合自顾自地比划，手舞足蹈，念念有词达到废寝忘食的地步，被人们称为"戏疯子"。

　　半年后，吴文彩一路哼哼唱唱地回到了家乡腊洞。妻子见丈夫回来很高兴，杀了一只鸡，吴文彩一边喝酒，一边还想着他看的戏，一会儿哈哈大笑，一会儿哭哭泣泣，弄得妻子莫名其妙。问他怎么了？他不答，好像是哑巴。问了老半天吴文彩才冒出一句话："从明天起，你送饭到我的房间，无论什么人来找我都说我不在家。"

　　从此以后，吴文彩闭门不出。既不见客会友，也不参加处理寨中事务，整天在仓库里写戏。写累了，偶尔走出仓门，背着手散步，但脑子里的剧中人物仍在活动。寨里

鼓楼内演侗戏

的人和他打招呼，他不理不睬，有时答上一句也是答非所问，一言一行总是颠三倒四的。人们见到他常常怕而远之，纷纷说：吴文彩疯了。

这样经过了三年，吴文彩废寝忘食，呕心沥血，终于借鉴汉族传书《朱砂记》和《二度梅》，在叙事说唱的基础上，采用家乡的侗族山歌《你还不过来我过来》的曲调，编成了侗戏曲谱。他32岁时，改编成侗族最早的两部侗语演唱的剧本《李旦凤姣》和《梅良玉》，那就是侗戏创建之始。

吴文彩是侗戏的创始人，后人都称他为侗戏的鼻祖。他去世后，侗族人民为了纪念缅怀他，无论哪个戏班，在开台演出之前，都要念词祭师："阴师傅，阳师傅，吴文彩师傅，不请不到，有请必到；日请日到，夜请夜到，快请快到，马上开台。年无忌，时无忌，吴文彩师傅在此，大吉大利。"

吴文彩在创立侗戏的同时，也经常考虑怎样为这些戏插上音乐，也就是使用怎样的唱腔来演唱侗戏。当时流传的汉戏有桂戏、阳戏、花灯戏等，侗戏必须有别于这些客家戏，要让人们听得懂，而且易学易唱，吴文彩经过数年摸索，他创立了侗戏的基本唱腔——戏腔。"戏腔"采用了侗歌并演化为上下句格式，更接近于戏曲板式音乐。他将这些素材与侗族语言有机地糅合在一起，这样既能使人们易于接受，又有别于其他汉族戏剧的音乐。

侗戏的唱腔及表现形式都与汉族戏剧存在差别，戏腔采用了侗歌旋律并衍化为上下句格式，更接近于戏曲板式音乐。在侗语里，人们把戏腔称为"唆戏"，它是侗戏音乐的灵魂，贯穿整个侗戏演出的始终。在以后的发展过程中，侗戏艺术家们又创造了"哭腔"、"歌腔"、"大歌腔"等。在唱侗戏时，不是单独地把戏曲唱出来，它还要有乐器

侗戏

伴奏，传统侗戏乐器有二胡、琵琶、锣鼓、钹、牛腿琴等，而在这些乐器里面，二胡是必不可少的，在唱戏的过程中，二胡拉的节奏可以表现出戏剧的故事情节和人物的内心活动。比如在表现悲伤的场面时，一般只用二胡，且二胡拉的节奏非常慢，表现出一种悲从中来的心情和气氛。

　　尽管侗族地区的经济社会不断发展，但是侗戏依然是侗族民众喜闻乐见的主要娱乐方式之一。侗族民众普遍喜爱侗戏，为了满足侗族同胞日益增长的娱乐需求，侗戏戏师们在传统剧目的基础上实施了大胆创新，推出了许多新的剧目。这些剧目从内容上看，可以分为五类。

演侗戏

　　第一类，爱情故事，且占主流，如《珠郎娘美》、《善郎娥美》、《门龙绍女》等，这些都反映出年轻人对美好爱情的向往和追求，敢于同封建包办婚姻制度作斗争。

　　第二类，抑恶扬善故事，如《芒岁列美》、《补贯送礼》、《孤独的王乔星》等，这些则反映出侗族人民敢于反抗地主恶霸的残酷剥削，争取农民幸福生活的顽强斗志。

　　第三类，民族反抗故事，如《吴勉》、《萨岁》、《良三传奇》等。

　　第四类，道德伦理故事，如《四艾寻歌》、《华团阮坠》、《找牛》、《岜沙与梅花》等。

　　第五类，神话鬼怪故事，如《柞

看侗戏

郎龙女》、《郎夜》、《郎红梅娘》、《金汉烈美》等。这些都是传统的侗戏剧目。

在剧本结构与表现手法方面，侗戏有着鲜明的特点。侗戏一般分场不分幕，剧中时空转换频繁，都依靠演员上下场来体现，场次分得细，一出戏通常有几十场。剧本一般是以剧中主要人物的名字来命名，如《珠郎娘美》、《刘美》等。在改编汉族故事的时候，剧名也做这样的处理。如汉族戏曲《二度梅》，侗戏便改成《陈杏元》，《白兔记》则叫《刘志远》。侗戏剧中人物很多，剧本篇幅长，每出整本戏，几天才能演完。侗戏的剧本一般以二人对唱为主，道白很少。这是因为侗戏剧本多由侗族琵琶歌改编，而琵琶歌本身就具有故事长、人物多、情节不连贯的特点。因此侗戏中有明显的说唱艺术的痕迹。

侗戏的唱词在韵律方面有其独特的要求。每段唱词不仅要求尾韵统一，而且严格规定要压腰韵、连环韵。侗族人平时说话很讲音韵，侗话中的音又比汉话多。音多押韵比较容易，韵多则音乐性强，加上有趣的比喻，剧本显得流畅、生动活泼。这便形成了侗戏唱词音韵结构的特点。

侗戏的乐队包括管弦乐和打击乐两个部分。管弦乐器包括二胡、牛腿琴、侗琵琶、月琴和扬琴、竹笛、芦笙。打击乐器则有小鼓、小锣、小钹等，但一般不用于唱腔，只用于开台和人物的上下场。

侗戏没有固定的班子，所选择的演员主要是村里侗戏爱好者并由他们组成一个戏班子，他们没有经过专业的表演培训，在表演过程中，他们的一颦一笑、一进一退都由演员自己控制，不受格式化的约束，这样能使戏表现得更生动。在演员自由发挥过程中，始终要遵循"8"字步伐，踩着乐器弹奏的音乐点子，伴着唱词把戏剧里的故事情节展现出来。侗戏的音乐形式比较单一，上下两个乐句，演员演唱时并无伴奏，只是每唱完一句乐队就跟随尾音间奏过门。在演出整台戏时，没有一个统一的指挥，全凭演员和配乐人之间的默契，配合把剧本演绎得淋漓尽致。

演员要唱好一台戏并不是一件简单的事，因为演员不是从事专业的侗戏表演，他们要务农干活维持生计，到秋收完后，大家开始着手准备，熟悉剧本，为过年准备一台丰盛的"侗戏大餐"。但是在侗乡，不管有多忙，过年都少不了唱侗戏这项活动。在练习的期间，他们并不是整天练习，因为白天要干活，只有晚上吃完晚饭才聚在一起练习，熟悉剧本，要好几个晚上才能记住，最后还要由戏师指导更正，到要开演时，谁唱得好且演技最佳就决定由谁上场主演。大家聚在一起练习有一个好处，如果上场的演员因某种原因不能演，其他成员可以替补。这样，又能培养整个戏班成员之间团结互助的精神。

侗戏的表演具有朴实无华的特点。侗戏服饰就是侗族服装，男演员上身着黑色上衣，头缠着一丈来长的黑布，叫"包头"，女演员则为上衣和裙子，头发用梳子盘在头顶，再插上一些银饰作装饰。其表演技艺，主要来自三个方面。一是侗族歌舞；二是从劳动和生活中提炼出来的表演程式；三是通过戏曲地方大戏剧种的演技演变过来的程式。侗戏的角色行当有生、旦之分，但没有固定明确的行当名称，只有丑角有比较特殊的表演程式。侗戏中的丑角，多扮演各种诙谐或狡猾的人物，在剧中的主要任务是插科打诨、活跃气氛，没有本行的当家戏，表演上比较自由、比较夸张。

侗族喜欢唱侗戏，侗寨里头戏楼多，有的寨子多至四五座。侗寨戏楼多建于寨子中央，与鼓楼、歌坪紧密结合，构成侗寨的"心脏"。著名戏师吴文彩首创的侗戏是在侗族民歌和民间故事基础上发展起来的，群众基础好，很容易普及，故而大批戏楼应运而建，仅从江县目前便有100多座。

唱侗戏

侗寨戏楼是用侗乡盛产之优良杉材建成的，楼面多盖杉树皮，有的也盖小青瓦。盖瓦的楼脊上，正中彩塑二龙抢宝，脊端精雕鸱吻鳌鱼，翼角高翘，潇洒飘逸。戏台面阔13~14米，进深7~8米。台前罩面枋上多有木雕，饰有游龙飞凤、人物故事、花鸟虫鱼，五颜六色，琳琅满目，富有浓厚的民族风格。

● 抒情诉史的琵琶歌 ●

山歌越唱越动心，琵琶越弹越细声。
唱得鹦哥想讲话，唱得孔雀想开屏。
——侗族民歌

侗族琵琶属于弹拨乐器，常用于侗歌的伴奏，侗语称嘎黑元、嘎琵琶、嘎弹，主要流行于贵州省黎平、从江、榕江等地。

在侗乡，关于侗族琵琶有一个神奇美丽的传说。

很久很久以前，侗族人民本没有"侗歌"，也没有侗族琵琶。一天，七仙女下凡到侗乡的一条清澈明亮的河里洗澡。她们看到侗家人个个都很朴实、善良勤劳，但不会唱歌，既爱慕，又同情。她们回宫后，就把这事跟玉帝说了。玉帝也深表同情，当即下令叫第七个仙女下凡，把仙歌撒到侗乡江河。这年盛夏的一天中午，太阳火辣辣的，侗族小伙子阿宝感到很闷热，就到离侗寨不远的河里洗澡。当他洗完澡上岸正准备穿衣服时，河里掀起了巨浪，浪涛翻腾多时才平静下来，只见河中心飘浮上来一条大鲤鱼，游了几下就不动了。阿宝赶忙纵身跃入河中，把这条很大的鲤鱼慢慢地拖到岸边。这时，寨上有七八个小伙子向河边走来，看到阿宝在岸边正吃力地拖着一条大鱼，就去帮忙。他们用两根大木杠把这条大鲤鱼抬回家。晚上，阿宝做了个美梦：天上的神仙对他说，这条大鲤鱼的蛋全是歌。次日清晨，阿宝把梦中的事告诉几个伙伴。大伙儿商量，决定破开鱼肚取出"鱼蛋歌"，挑到各村寨去送人。他们挑着鱼蛋上路，半路上遇到了两个俏丽"腊缅"（侗语，即漂亮的姑娘），一个叫索样、一个叫索莺。他们就把这些鱼蛋歌交给她俩，请她俩把"鱼蛋歌"分给各地侗族乡亲。索样和索莺不知道怎么用嗓子唱出好听的歌。一位过路的老人说："天上热闹得很，各种好听的歌调子都有，到那里去要吧。"于是，索样和索鸯就跟随老人到天上去向玉皇大帝要曲子。她俩腾云驾雾来到天上对玉皇大帝说："玉帝大人，我们人间有很多很多的歌，但不晓得怎么用调子，也不晓得哪样曲子才好听，请您老送几种给我们吧！"玉皇大帝笑着说："两个小妹妹为这事而来，实在是可喜可贺。我这里各种好听的歌曲乐曲都有，如你们喜欢欢快明亮的就要芦笙曲；喜欢温柔婉转的，那就要歌曲和琵琶曲。"就这样，她俩要来了芦笙、琵琶和许多曲子，从天上边弹边唱下到人间。侗乡的人们听到一阵阵优美动听的芦笙和婉转抒情的歌声，以及伴随着叮叮咚咚的琵琶声，个个心旷神怡，如痴如醉。阿宝聪明，当场效仿琵琶的模样自制了一把精美的琵琶。人学人，寨学寨，村村寨寨也都做起了琵琶。从那以后，侗乡人民不仅有了各种调子的侗歌，而且还有侗族琵琶、芦笙。

　　侗族琵琶歌可分为抒情琵琶歌和叙事琵琶歌两大类。其歌唱内容几乎涵盖了侗族历史、神话、传说、故事、古规古理、生产经验、婚恋情爱、风尚习俗、社会交往等各个方面，世代传承，歌脉悠远。琵琶歌唱词体现了侗族诗歌的最高水平，是研究侗族社会人类学、民族学、

琵琶诉情

民俗学的重要资料。全国文艺集成志书多把抒情琵琶歌列入民间歌曲范畴，叙事琵琶歌列入曲艺范畴（称琵琶弹唱），亦有两者兼备的。侗族琵琶歌演唱形式和内容各地均有差异，有的用假嗓唱，有的用真嗓唱。大部分地区为男子自弹自唱，或男弹女唱。弹唱琵琶歌有两种场合：一种是青年们在谈情说爱时弹唱，内容都是比较短小的抒情歌，往往是即兴创作，一般用小琵琶伴唱，歌声、琴声亲切委婉，铿锵悦耳。一种是歌师们在鼓楼或喜庆人家当众弹唱，内容主要为叙事歌，也有喻世歌、苦情歌等长歌，一般用大、中型琵琶伴唱，歌声、琴声低沉柔和，浑厚感人。

行歌坐月

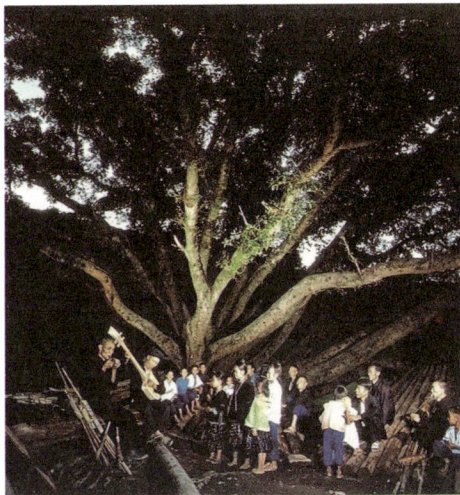

对歌

演奏侗族琵琶时，多采用坐姿，将琴箱置于右腿上，琴头斜向左上方，左手持琴按弦，右手执竹或牛角制拨片弹奏。有的地区在琵琶伴奏中还加用牛腿琴，以增强伴奏的和声效果。由于流传地区的不同，侗族琵琶的形制也不统一，主要分为大、中、小三种。大琵琶，共鸣箱呈倒桃形，琴头上部较大，张四弦，中间两弦同度，音色柔和低沉。中琵琶，琴箱呈长方形、倒梯形或倒桃形，张四弦或五弦，定弦比大琵琶高八度，发音明亮而圆润，音色柔和而甜美，既可伴奏琵琶歌中优美抒情的情歌小调，又可为侗族叙事琵琶歌伴奏。小琵琶，琴长60厘米左右，主要用于小歌（侗语称"嘎腊"，是南部侗歌中单声部民歌的统称）伴奏，张三弦或四弦，音色清脆悦耳。

　　侗族琵琶歌在侗族民间歌曲中，有相对规范的结构，唱腔由"歌头"、"歌身"、"歌尾"组成，其调式、旋律、节奏、速度都有其鲜明的个性。传承方式大多在民间口传心授，没有固定的唱本，演唱时表演者可以自由取舍，唱腔比较固定，说白则可以即兴发挥。

　　琵琶歌是侗族文化的瑰宝，曲调有百种以上。有大调与小调之分，除有传统的曲调外，多为歌唱爱情的抒情歌，歌词也多是根据曲调临时自编。由于各地琵琶歌使用的琵琶型号和定弦的不同，土语不同，演唱场所不同，运用嗓音不同，因而形成许多种不同的风格。比较典型的有：

　　三宝琵琶歌（又称车江琵琶歌）是抒情琵琶歌的一种，用中型四弦琵琶伴奏，外加果吉（牛腿琴）协奏，由男子操琴，男奏男唱或男奏女唱，男声用本嗓，女声用小嗓，在行歌坐夜的场合演唱，主要流行在三宝侗寨为中心的榕江侗族地区。

　　晚寨琵琶歌（又名四十八寨琵琶歌）既是抒情琵琶歌的一种，也是琵琶弹唱的一种，男声用三弦或五弦的大中型琵琶伴奏，女声用三弦或五弦的中小型琵琶伴奏，均为自弹自唱。主要流行在榕江、黎平

两县毗连的四十八寨地区和
榕江县的七十二寨地区。在
整个侗族地区只有四十八寨
地区才有女性弹琵琶唱歌。
七十二寨弹唱是叙事琵琶歌
的一种，多由中老年男性艺
人自弹三弦或五弦大型琵琶
伴奏，应听众之邀在民居堂
屋或长廊演唱，以唱叙事歌
或说理歌为主，只流行在榕
江县七十二寨侗族地区。

　　平架琵琶歌（亦称洪州
琵琶歌）是抒情琵琶歌的一
种，由男子用三弦小琵琶（形
似牛腿琴）伴奏，男弹男唱
或男弹女唱，男女声均用假

大琵琶叙事歌弹唱

嗓，别具一格，主要流行在黎平县洪州镇等侗族地区。

　　六洞琵琶歌是抒情琵琶歌的一种，用四弦小琵琶伴奏，男弹男唱
或男弹女唱，在行歌坐夜的场合演唱，原先男女声均用假嗓，现在也
有改用本嗓的，主要流行在黎平、从江两县"六洞"、"千五"和"十
洞"地区。

　　其中最具代表性的便是洪州琵琶歌。洪州琵琶歌流行于黎平县洪
州镇的平架村，该村位于黎平县城东33公里，地处湘、黔、桂三省边
缘。平架村建于明代永乐年间（约1405年），据说那时此地已唱这种
歌曲，一直沿袭至今。1952年，贵州省文化部门音乐工作者发现了这
种琵琶歌，将之选调参加贵州省少数民族文艺会演，后推荐上京演出。
因当时平架村属洪州管辖，故这种琵琶歌被命名为"洪州琵琶歌"。

　　洪州琵琶歌最大的特征是无论男女，全都用假嗓高音演唱，曲调
悠扬悦耳，别具风格。它的曲调、歌词丰富，其种类包括情歌、孝敬
老人歌、叙事歌等等。情歌是男女青年在家中或在山坡上弹琵琶对唱
的歌，主要是互相倾吐爱慕之情。孝敬老人歌是男女青年在公共场合
弹琵琶唱的歌，内容是怎样孝敬老人，著名的一首歌叫《青年都把老

人敬》。叙事歌是年纪大的人在鼓楼里或公共场合演唱的歌，内容大都叙述民族历史、重大事件和民间故事。

　　洪州琵琶歌主要是在民间自发组织的兴趣爱好组合中互相传授，父子或亲属之间并不直接传授。老人教歌，青年唱歌，儿童学歌，这是侗乡人的传统习俗。洪州琵琶歌在侗族音乐中占有重要地位，它是侗族琵琶歌中的珍品，是古老民歌的遗产。在琵琶歌中洪州琵琶歌是唯一的男女都用假嗓演唱的一个稀有品种，其琵琶制作工艺自成一体，演唱演奏为群众所喜闻乐听，并已成为当地生活中不可分割的重要组成部分。

　　在榕江侗族地区，有准确名字记载的琵琶歌谱系传承人有：

　　高宰：第一代固岚—第二代固闷、杨胡林—第三代杨秀椿、杨秀实（固岚曾孙）—第四代杨胜美、杨再芬（杨秀椿之子）—第五代王仲举、杨礼彬（杨再芬之子）。

　　晚寨：第一代固岚—第二代艳化、白化（传说固岚的第一批女徒弟）—第三代蓓金（乃兰之母）—第四代冬莲（乃兰）—第五代长姣—第六代杏兰、五兰（乃兰之女）。

　　盖宝：第一代固岚—第二代固斌、固想（传说固岚的第一批男徒弟）—第三代吴世恒、萨赛进（女）—第四代吴明清—第五代赵学开、杨锦康—第六代杨永清、吴佳明、杨月艳。

　　七十二寨：第一代固岚—第二代固和（传说固岚的第一批男徒弟）—第三代固利、吴顺才（固和之子）—第四代吴兴武（固和之孙）、固社—第五代引娣（固社之女）。

琵琶传情

　　侗族琵琶歌把声乐与器乐密切地结合起来，弹唱自如，自由潇洒，生活气息浓烈。

　　侗族琵琶歌是民族文化精品，不仅深受当地群众喜爱，还多次外出演出，受到好评。1959 年，晚寨 8 名琵琶歌手曾被邀请到北京中南海演出，受到毛泽东、周恩来等党和国家领导人的接见。同年，三宝琵琶歌参加贵州省文艺会演，被录制成唱片，在全国发行。2004 年春天，在中央电视台举办的西部民歌大赛上，三宝侗族琵琶歌一举夺得银奖。为了更好地传承侗族琵琶歌这一民族文化，近 20 年来，榕江县还把侗族琵琶歌引进了课堂。侗族琵琶歌现已列入国家非物质文化遗产名录，受到世人关注。近些年来，侗族琵琶歌名声远播，她们唱到北京亚运村，唱到法国巴黎……这朵民族民间文艺鲜花，越来越绚丽夺目。

● 轻柔曼妙的河歌 ●

　　侗族河歌，又称侗族河边腔，是小歌类情歌，侗语称"嘎子"或"嘎尼阿"，属侗族无伴奏音乐"小歌"类中的歌调之一，是侗族青年男女在劳动之余，行歌坐夜、寻求伴侣和老年人在劝世训诫时演唱的一种歌调，其体系完整，内容丰富，河边情调浓郁，抒情而优美，歌声流畅，婉转独特，是侗族艺苑中的一颗明珠，是古老民歌的遗产。

　　河歌的曲调大致相同，歌词大多以说唱者自己学来或即兴创作的相互赞美的歌词，用以表达演唱者相互之间的爱慕之情，从而达到结交异性、愉悦生活以及教育激励和传播民族文化的目的。

　　千百年来，河歌歌师层出不穷，至今兴盛不衰，编创的歌曲在黔桂交界广泛流传。河歌歌调主要流行于贵州省黎平县龙额、地坪、水口以及从江县西山等乡镇都柳江沿岸的侗族村寨。都柳江是侗族河歌兴盛之地。其中黎平县龙额的河歌文化底蕴最为深厚，传承最为完美。2007、2008 年，龙额先后被贵州省文化厅、国家文化部命名为"侗族河歌艺术之乡"，侗族河歌将在本土文化的薪火相传中，以更加开放的姿态向世人展示她的迷人魅力。

　　黎平县的龙额乡每年的"春社"都举行隆重的侗族河歌文化节。

河歌节开幕式

"春社"是龙额一带侗族纪念"社神"木阿的传统节日,历来是龙额侗寨一年中最隆重的节日,传统上由姚姓人家主持。相传古时侗乡有一位著名厨师叫木阿,因为直言被皇帝错杀,后被追封为"厨神",侗家人把木阿称为"社神",把他遇难的日子即立春后,按天干记日的第五个戊日称为"社日"。"春社"当日,寨中祭师、寨老齐聚鼓楼,举行庄重的"请社神"仪式。从春社开始,龙额要举行为期三天三夜的河歌比赛,比赛期间人山人海,湘、黔、桂方圆两百里的侗族河歌歌手都会聚龙额村参加河歌比赛,一展歌喉,整个龙额汇成了一片歌的海洋,人们共唱和谐美好生活。

龙额河歌节

● 耶歌耶舞庆欢乐 ●

　　每逢盛大传统节日，只要你进入侗寨，就会看到热情的侗族同胞跳着欢快的舞蹈，手牵手围圈唱着和谐的侗歌，这就是侗族同胞哆耶活动。

　　哆耶舞是一种音乐和舞蹈相结合的集体歌唱形式，是侗族诗歌、音乐、舞蹈的源头。哆耶是在寨和寨之间集体走访中的集体歌舞活动，也叫"踩歌堂"。

　　哆耶舞有两种形式：一是耶堂舞。这种舞大多是在鼓楼火塘边进行，开始是男女对坐，女方相互挽手，男方相互手搭肩膀，边哆耶边左右摇摆而轻轻起舞，情绪达到高潮时，动作花样也增多，动作幅度也加

踩堂乐

三宝侗族哆耶舞

大；二是耶普舞。这种舞大多是在芦笙坪里或室外比较宽敞的地方进行。表演形式以围圆圈按反时针方向走步为主，围圆圈进右手搭在前一人的左肩上，左手和身子随着哆耶节奏向内外摆动，边哆耶边摆动，边摆动边前进，领头者可随时变动花样走圆圈，也有手拉手走圆圈的，形式多样，很有群众性。

哆耶舞的耶词，内容十分广泛，如欢迎、歉意、赞美、团结、告别、送行等。耶词大多由领头者创作，句子的长短与行数的多少没有限制。但耶词都有一个共同的特点，即通俗易懂。

哆耶是"月也"的主要项目之一。唱时年轻人男女分队，列成圆圈，女队手牵手，男队手攀肩，边唱边摇晃而舞。女队先唱三支，男队还三支，步女队歌韵歌意。每三支一套，对唱一二十套，最后唱结尾歌而结束。祭萨以及鼓楼、风雨桥等建筑物建成时，也以哆耶祝祷或祝贺。

"耶"的内容很多，分别在不同场合演唱：春节祭萨时演唱"耶萨"；举行"月也"活动时唱"耶父母"、"耶务本"、"耶索坐"、"耶花"（情歌）；庆贺典礼中演唱"耶铺"等。

"耶"的曲调，男女不同，各地有异，有的地方女声拉腔较长，有的地方每句都重复唱一次，有的地方只重复唱句尾三字。男队只一个声部，由"桑耶"（歌师、歌头）领唱一句，众人重复句尾三字或重复整句。多有"呀啰耶！呀啰嗨"等衬音。

团结舞

经典悲歌——珠郎娘美

　　贵州省榕江县车江三宝侗寨古榕群风景区内，在庄严的萨玛祠旁，有两尊青年男女塑像，他们是为了争取婚姻自由而抗争的珠郎娘美。

　　珠郎娘美的故事，是侗族社会抗争包办婚姻的一曲悲歌……

　　相传清道光年间，古州（榕江县）三宝侗寨有一位勤劳聪慧又美丽如仙的侗族姑娘，名叫娘美。在紧邻三宝的朵帕寨上，有个聪颖俊秀的孤儿名珠郎。珠郎娘美在共同的劳动中相识相知，在行歌坐夜过程中结成了一对恋人。正当珠郎娘美沉浸在爱的甜蜜中时，娘美的母亲却根据"还娘头"的古理要将她嫁给舅舅家的儿子。面对困难，珠郎娘美没有妥协，通过自己的行动采取了积极的抗争，二人对天盟誓，并将铜钱一分为二作为信物："杨梅老树来作证，太阳公公看得清，如今我俩破钱来盟誓，愿结夫妻一世人……"

　　为了让娘美能顺利嫁入舅舅家，娘美的母亲干脆不让娘美外出行歌坐夜，将她锁在房中不准出来。珠郎得知娘美被关后，气愤不已。但自己势孤力单，又无计可施，只好每天晚上徘徊在娘美房前屋后，不知如何是好。

　　农历四月十八日，即距舅家来娶亲的前三天深夜，娘美趁母亲熟睡之机，逃出屋外与珠郎相会，两人抱头痛哭，肝肠寸断。面对强势的舅舅家，他们无可奈何，决定远走他乡，以"逃婚"的方式，向封

《珠郎娘美》书影　　《珠郎娘美》剧照　　珠郎娘美塑像

侗戏《珠郎娘美》

建婚姻制度抗争。两人摸黑爬上九十九坳，历经千辛万苦，走到七百贯洞。

哆耶场上，珠郎娘美用歌声将自己的悲情经历向贯洞寨的乡亲们做了交代，贯洞寨的乡亲们非常同情珠郎娘美的不幸遭遇，大家都乐意二人留下来共同生活。可是，财主银宜在看到娘美后便起了歹心，想霸占娘美为妾。于是，他假装热情收留他俩到家中落脚，并与珠郎结拜为弟兄。

当珠郎娘美在贯洞住了几个月后，银宜故意让珠郎到广西柳州放排，并趁机调戏娘美，被娘美厉声斥责。银宜一计不成又生一计，找到本寨的"款首"蛮松，蛮松给银宜出了一条毒计，即聚众"起款"时，让珠郎吃"枪尖肉"，趁机杀害他，娘美孑然一身，必然束手就范。

珠郎从柳州放排回来后，娘美暗示珠郎快快离开贯洞，远走他乡，珠郎不知内情，正想问个所以然时，听到了召集"起款"的鼓声，说是有外敌要来攻打贯洞，因此要召集全寨男子到长剑坡开款会，并要求喝血酒、吃"枪尖肉"，以表忠心。珠郎不知是计，认为自己作为外乡人，得到寨邻的善待，应该率先表达忠心，捍卫贯洞权益。狠心的银宜为了得到娘美，居然在珠郎吃"枪尖肉"时将他活活刺死。蛮松还威胁在场的人不能告诉娘美，否则将跟珠郎一样被处以极刑。

娘美得知珠郎遇害后，痛不欲生，直奔长剑坡，通过之前盟誓的半边铜钱找到珠郎遗骨，并将珠郎遗骨背回贯洞，准备为珠郎报仇。娘美返回贯洞寨上，去到鼓楼猛烈击鼓。寨上人听到鼓声，纷纷向鼓楼集中。娘美当众宣布："我的爱人珠郎已被人杀害了，现在我找到了他的尸骨，谁愿意帮我埋珠郎，我就嫁给谁！"银宜一听大喜，连忙抢先答应帮她埋珠郎。

蛮松认为娘美完全落入自己与银宜设下的圈套，为了让娘美不反悔，当众说："鼓楼议事非儿戏，既然一个愿埋，一个愿嫁，这事就这样定了，不

准哪个再变卦。"议事完后，娘美要银宜一个人随她上山安葬珠郎遗骨，银宜也因娘美即将成为自己的小妾而暗暗得意。

娘美带着银宜跋山涉水，来到珠郎吃"枪尖肉"遇害的地方。她叫银宜挖坑，银宜挖了一尺深就不想挖了。娘美说："死于刀枪的人要深葬才好，再往下挖三尺。"当挖到三尺多深的时候，银宜累得喘不过气。就在他弯腰想休息时，娘美眼明手快，迅速拿起锄头，对准银宜的脑袋，狠狠一锄打去，银宜猝不及防，当即歪倒一边，娘美又趁势补

> **还娘头**
>
> 旧时侗族地区婚俗，即舅家有娶姑家女儿为媳的优先权。如舅家无子，外甥女外嫁，必须征得舅父同意，并且要给舅父送"外甥钱"，甚至聘礼全由舅家收受。侗族社会婚嫁习俗呈现同宗不婚的原则，但是姑舅子女优先通婚，姨表兄妹不通婚。

了几锄，直到银宜再也不动为止，才把坑口两边的泥土往下刨，把银宜埋在他自己挖的深坑里，为珠郎报了仇。

失去珠郎的娘美悲愤至极，她背着珠郎的遗骨，顺着两人当初逃婚的山路，一路哭着回到三宝侗乡，亲手将珠郎的遗骨安葬在朵帕寨旁，让自己时时伴着他。

珠郎娘美的故事是侗族社会反对封建婚姻的代表，为后来侗族青年男女争取婚姻自由做出了表率。因此，珠郎娘美的故事在侗乡广为传颂，并被改编拍成电影《秦娘美》，传遍大江南北。

ZHIHUIDIAOZHUO
智慧雕琢
的艺术
DEYISHU

未曾立寨先立楼，
砌石为坛敬圣母。
鼓楼心脏作枢纽，
富贵光明有根由。
——侗族古歌

　　鼓楼是侗寨的象征，是侗族文化的名片之一。据统计，贵州有300多座鼓楼，其中有史可查最早的鼓楼为黎平县述洞下寨的独柱鼓楼，建于明崇祯九年（1636年）；最负盛名的鼓楼则当数从江县的增冲鼓楼。增冲鼓楼建于清康熙十一年（1672年），为十三重檐八角攒尖顶结构，通高20余米，占地100多平方米，1988年被国务院公布为全国重点文物保护单位。

　　侗族民众对鼓楼的修建异常重视，如果经济能力允许的话，整个寨子的侗族同胞会竭尽全力将鼓楼修得足够宏伟、装饰得足够漂亮。在侗乡，一个寨子有没有鼓楼、鼓楼修得是否宏伟，是该寨是否兴旺

朝利鼓楼　　　　　　堂安鼓楼　　　　　　高增鼓楼

发达的重要标志。一个侗寨的鼓楼，在外人眼中成为财富、凝聚力甚至兴旺发达的象征。侗寨鼓楼一般是按族姓建造，每个族姓一座鼓楼。如果侗寨族姓多，往往一寨之中同时有几个鼓楼并立，如肇兴侗寨就有5座鼓楼。

关于鼓楼的缘起，侗乡有一个传说：相传古代的侗家人在大杉树下围坐议事，烤火烧死了杉树，于是，侗家人仿照杉树的形象，建起了鼓楼。直到现在，侗寨凡遇水患火灾后，寨上的房屋被水冲或火毁，如无力先建鼓楼，必须先立一株杉木代替。因此侗族的能工巧匠倾注了所有的热情与智慧营造出造型独特、样式各异的鼓楼来。

鼓楼内部通常有四根大柱直通而上，柱间长凳围着中心火塘。楼顶悬大鼓，每遇大事击鼓为号。塔式鼓楼除八角外，也有六角或四角方形的。鼓楼以杉木凿榫衔接，顶梁柱拔地凌空，排枋纵横交错，上下吻合，采用框架结构，层层支撑而上。鼓楼通体全是木质结构，不用一钉一铆，由于结构严密坚固，可达数百年不朽不斜。侗族鼓楼中的四根主要支撑的主柱象征着四方和四季，十二根衬柱象征十二个月份。侗族人建鼓楼在符号象征的意义上取像于杉树，还有取其生命力旺盛的象征含义。杉树有一特点，老杉树倒了之后，在其根部又会源源不断地发出新的树苗，并且越发越多以至成片成林，这对于将鼓楼视为宗族标志的侗家来说，其象征是再好不过的了。

　　侗族建筑工匠是天生的建筑艺术大师，才艺堪称一绝。他们从不绘制图纸或制作模型，不用一颗铁钉，整体构思全在脑海中，仅凭手上一把自制小角尺，用一条楠竹破开刻制的丈尺和一支竹片蘸墨笔，成百上千、长短不一、大小不等的梁、柱、枋、板、眼等，均由施工木匠们用手锯、凿子、斧头、木刨及长头控镐在"木马"上制作而成。对于外人来说，侗族工匠不用设计图纸便能完成高大鼓楼的设计与建造，简直是个难解之谜。其实，侗族木工在长期经验积累的基础上，发明了一种测算简捷、易于操作的营造尺——香杆（也称匠杆）。香杆是用半边楠竹刮去表皮后制成。香杆的长度，以该座木建筑最长的一根柱子的长度为准。一座木建筑通常用一根香杆。在香杆上，绘制有整座木建筑所有构件的尺寸和所有柱子、瓜筒上每个榫眼的位置和尺寸。掌墨师通常是在丈量地基后根据地形确定建筑物的基本构架（宽、深、高度）后制作香杆的。香杆制好后，整座建筑物的蓝图便在掌墨师的心中耸立。再高大的鼓楼，再长的风雨桥，也只靠这半边竹竿来下墨，数千件构件，数千个榫眼，通常下墨均准确无误，分毫不差，十分神奇。所以，在侗族地区，一个木匠只要会计算和刻画香杆，就基本可以得心应手地竖屋建房了。其中最让人感到神奇的，就是建筑师傅使用的墨师文。传统的侗族匠师还使用一套世代相传的建筑符号，一般有 26 个符号，但常用的只有 13 个，这些像汉字又不是汉字的符

六洞地区鼓楼

鼓楼顶内结构

鼓楼构架

号只有侗族的匠师才看得懂，它们被刻在香杆和建筑构件上。这种侗族乡土的建筑学工具不愧为一种简便易用的工具，虽然简易但却有神机妙用。正是依靠一根香杆，侗族木工师傅按照设计要求运用祖传数代的建筑符号在木料上弹墨画线，然后凿榫接卯，木栓穿合，一栋结构稳固、结扣无隙的木构建筑就可宣告完工了。

鼓楼，是侗族木构建筑营造技艺的杰出代表作。不管从其历史、内部结构、外部造型和工艺水平来看，它在中国建筑史乃至世界建筑史上，均应有其一席之地。一个典型的侗族村寨，其建筑群以鼓楼为中心而展开，鼓楼附近是鼓楼坪、萨堂、戏台，构成村寨的核心圈；紧紧围绕着鼓楼的是家屋住房圈，再外一圈是禾晾和禾仓，接着是寨门、凉亭、风雨桥。因此，侗族村寨的建筑一般包括鼓楼、萨堂、戏台、房屋、禾晾、禾仓、寨门、凉亭、福桥等，而起到村落族姓标志和村寨灵魂的就要数重檐叠上、高耸寨中的鼓楼了。

侗寨的居民住房以鼓楼为中心，逐层扩散开来，一般说来，村民的房屋高度是不允许超过鼓楼的高度的。鼓楼的楼门前为全寨逢年过节的娱乐场地。每当夏日炎炎，男女老少至此乘凉，寒冬腊月来这里围火，唱歌、弹琵琶、摆古。侗寨有坐鼓楼的习俗，特别是春节期间，村村寨寨聚集鼓楼广场，吹芦笙，对歌作乐。或以侗族民间传统故事为题材，自编自扮，登台演唱侗戏。曾有诗人做客侗乡时留诗云："几声铁炮客入村，芦笙引领进寨门，鼓楼坪上歌舞宴，杯杯美酒盛满情。离别数年难相忘，拦路歌声记在心。谁说深山多愚昧，文明礼貌侗家人。"

　　从外观上来看，侗族鼓楼是一种极富视觉效果的建筑。一座建好的鼓楼，楼顶是连串葫芦形的顶尖，直刺苍穹，犹如塔尖一样。中部是层层叠楼，形如宝塔的楼身。楼檐一般为六角、八角，六角的俗称"六面倒水"。楼檐每一分水的突出部分都有翘角，它的重檐层层叠叠，从上而下，一层比一层大。鼓楼底部，多是正方形，四周有宽大结实的长凳，供人歇坐。中间是一个或方或圆的大火塘。

　　鼓楼形态的特征是它的高密度重檐叠加的楼体塔身。这是侗族鼓楼与汉族的重檐楼塔明显不同的地方。侗族的鼓楼在重檐数上皆为单数，最少的有 1 层，最多的达 21 层。这是由于侗族把奇数视之为吉祥之数。

　　其实鼓楼身上还有很多符号，比如说鼓楼身上雕塑、绘画、纹饰、

鼓楼彩绘
∙∙∙∙∙∙∙∙∙∙∙∙∙∙∙∙∙∙∙∙∙∙∙●

楹联等，这也是鼓楼楼身上的一种表层的文化符号体系，它有机地融合了堂、楼、屋、亭、塔、阁、殿、杉树、龙、鱼窝、仙鹤、村寨等形象。在综合这些形象的同时，侗族的鼓楼建筑匠师也有意无意地运用着这些物象所具有的象征含义，由此而创造出这么一种立体的多层次的建筑文化。所以，侗族文化被专家学者称之为"鼓楼文化"。不仅因为鼓楼是侗族建筑中的杰出代表，更主要的是侗族的全部精神性的文化要素，从历史记忆、宗教信仰、艺术娱乐到法律、习俗、节庆、交往等等诸多方面都离不开鼓楼。

侗寨鼓楼是侗族村民聚众议事的社会活动中心，又是政治、文化的活动场所。鼓楼在侗族社会的作用非常大，主要有以下几种。

一是聚众议事。遇有大事要事，集体商议决定，人们叫做"起款"。"款众"在"款首"主持下制定"款约"，"款约"通过之后，刻碑勒石，立于鼓楼中。

二是击鼓报信。遇有重大事件，登楼击鼓召唤，众人闻声而至。击鼓报信有报警、报喜之分，村民可从鼓声得知是警是喜。

三是排解纠纷。村民之间发生纠葛，需要众人帮助排解，便聚集在鼓楼里裁决。如有什么人犯了过错，需要当众处理，也在鼓楼里进行。

四是对唱大歌。大歌是一种一领众和的多声部、

车寨鼓楼

无伴奏民歌，在男女歌队之间对唱，气势磅礴，观者如潮。

五是摆古休息。农事之余，村民聚集在鼓楼里，夏天小憩纳凉，冬天烤火取暖，老人给后生讲述历史故事，传授生产技能，教唱侗歌、侗戏。

六是吹笙踩堂。逢年过节，村民在鼓楼坪上或鼓楼里的火塘边，吹芦笙、踩歌堂。

七是存放芦笙。在下种以后一段时间里，为了不误农时，将芦笙音孔用棉花塞紧，存放于鼓楼内。

八是拾物招领。村民捡到失物，不知失主是谁，便放在鼓楼里，任失者自领。

九是悬挂牛角。村民将牛犄角悬挂在鼓楼内，作为村民团结、村寨富有的象征。

十是施舍草鞋。为方便过往行人，将草鞋挂于鼓楼柱上，任行者取用。

● 风雨桥头听风雨 ●

侗族风雨桥一般由桥、塔、亭组成，全用木料筑成。桥面铺板，两旁设栏杆、长凳，桥顶盖瓦，形成长廊式走道。塔、亭建在石桥墩上，有多层，檐角飞翘，顶有宝葫芦等装饰，被称为世界十大最不可思议桥梁之一。因行人过往能避风雨，所以叫做风雨桥。

风雨桥又称花桥，是侗族人民引以为自豪的又一民族建筑物。整座花桥由巨大的石墩、木结构的桥身、长廊和亭阁组合而成。除石墩外，全部为木结构，也是不用一钉一铁，全用卯榫嵌合。桥身以巨木为梁。石墩上，巨木结

风雨桥

构的桥梁，抬拱桥身，使受力点均衡，桥面游廊宛如长龙。游廊上建有三层或五层的四角形或八角形的桥亭三至五座。桥檐瓦梁的末端，塑有檐玲，呈丹凤朝阳、鲤鱼跳滩、坐狮含宝形状。正梁顶上塑有双龙抢宝，还配以彩画，点缀其上。桥的长廊为过道，两旁铺设长凳，供来往行人休息。热心公益的侗族人民在夏天于桥上施茶水，供行人解渴。长廊两壁上端，用木板雕刻各种历史人物，或绘制神话故事彩画，供行人休息时欣赏。

贵州侗乡最具代表性的风雨桥是黎平县地坪风雨桥。地坪风雨桥位于黎平县地坪乡的深山之处，风雨桥横跨在南江河之上，周边青山环绕，河水清澈，两岸坐落着村庄。

地坪风雨桥始建于清光绪八年（1882年），历史上曾多次修葺，是黎平境内规模最大、造型最美的一座风雨桥，1982年被列为省级文物保护单位。1997年邮电部将此桥设计为邮票发行。2001年被国务院公布为第五批全国重点文物保护单位。

据侗族老人介绍，风雨桥建在溪河上不仅仅是给人们提供交通便利，而且还有镇邪和留财之意。

相传古时候，侗寨里有个小后生，名叫布卡，娶了一个妻子，名

六洞地区鼓楼

叫培冠。夫妻两人十分恩爱，几乎是形影不离。这培冠长得十分美丽，夫妻两人过桥时，河里的鱼儿也羡慕得跃出水面来偷看她们。

有一天早晨，河水突然猛涨。布卡夫妇急着去西山干活，正当他们走到桥中心，忽然一阵风刮来，刮得卡布睁不开眼，大风把培冠刮进水里。看到妻子落入水中，卡布一头栽进水里，可是来回寻找了好几次，却不见妻子的影子。乡亲们知道了，也纷纷跑来帮他寻找，找了半天工夫，还是找不到他的妻子。

原来河湾深处有只螃蟹精，把培冠卷进河底岩洞里去了。一下子螃蟹精变成了一个俊俏的后生，要培冠做他的老婆，培冠不依，还打了它一个巴掌，它马上露出凶相来威逼培冠。培冠大哭大骂，哭骂声在水底一阵阵传到上游的一条花龙耳里。

这时风雨交加，浪涛滚滚，只见浪里有一条花龙，昂首东张西望。龙头向左望，浪往左打，左边山崩；龙头往右看，浪往右冲，右边岸裂；小木桥早已被波涛卷得无影无踪。花龙在水面打了一个圈，向河底冲去。顿时，河底不断传来"骨碌骨碌"的响声，大漩涡一个接一个飞转不停。经过艰苦拼斗，花龙终于战胜了螃蟹精，并救出了培冠。培冠获救后对布卡说："多亏花龙搭救啊！"

风雨桥内部结构

风雨桥兼寨门

大家才知道是花龙救了她，都很感激花龙。

这件事十传百，千传万，很快传遍了整个侗乡。大家把靠近水面的小木桥，改建成空中长廊式的大木桥，还在大桥的四条中柱刻上花龙的图案，祝愿花龙长在。空中长廊式大木桥建

高增花桥

成后，举行庆贺典礼时，人们奏芦笙，唱耶歌，人山人海，非常热闹。这时，天空彩云飘来，形如长龙，霞光万丈。众人细看，正是花龙回来看望大家！因此后人称这种桥为回龙桥。有的地方也叫花桥，因桥上能避风躲雨，所以又叫风雨桥。

● 干栏式吊脚楼 ●

侗家吊脚楼，以结构精巧、布局奇妙以及丰富的民俗文化内涵而成为侗族民居建筑风格代表之一。

侗家人采用自己独特的建筑工艺中的穿斗式与抬梁式等相结合的技艺，在丘陵地带或斜坡地段建造吊脚楼，仍保留了百越民族干栏式建筑的特色。吊脚楼的"吊"，主要是指延伸出来的柱脚，一般比房屋主体宽出三尺，用作走廊。柱脚可以只"吊"正前方，也可以绕屋"吊"。侗族房屋分为三柱屋或五柱屋，一般都是单数。一家一栋，男孩长大结婚之后分家另立楼房，于是由若干栋楼组合而成整个寨子，形成侗寨独特的景致。

侗族吊脚楼主体结构一般为两到三层：因为侗寨多在山区，气候多雨潮湿，而且多蛇和虫兽。为避免为其所伤，所以底层一般不住人，主要是用来饲养家禽、放置农具和其他物品的。

侗寨吊脚楼

吊脚楼房

侗族建筑匠师

　　二层是饮食起居的地方，内设卧室，外人一般都不入内。卧室的外面是堂屋，那里设有火塘，一家人就围着火塘吃饭，宽敞方便。由于有窗，所以明亮，光线充足通风也好，家人多在此做手工活和休息，也是接待客人的地方。堂屋的另一侧有一道与其相连的宽宽的走廊，廊外设有半人高的栏杆，内有一大排长凳，家人常居于此休息，节日期间妈妈也是在此打扮女儿。

　　第三层透风干燥，十分宽敞，除作居室外，还隔出小间用作储粮和存物。

　　侗族村寨里这种干栏式的吊脚楼一座挨一座，它们依据地形和个人的爱好而建，所以千姿百态、各具特色。有的像一座雄伟的宝塔；有的像一间轻灵的亭阁；有的像一座壮丽的宫殿；有的像一条优美的画廊……它们是那么整洁雅致，再配以鼓楼、花桥，将侗寨装饰得美丽大方。杉木楼体现了侗族人的勤劳智慧。他们吸收了汉民族的建筑艺术，结合本民族的自然环境和审美观，创造性地加以运用，形成了具有独特风格的侗族民居建筑。

CHONGBAIZUXIAN

崇拜祖先
的民族

DEMINZU

● 祖先是我们的神灵 ●

　　侗族对祖先的敬奉主要体现在宗祠文化上。

　　侗族地区宗祠的建筑结构为外环砖墙以牌楼为面；左右山墙为马头墙，石灰粉内墙壁；牌楼顶部重檐翘角，主、副牌楼连为一体呈五面状；主牌楼高于副牌楼，上嵌姓氏、堂号或郡望名；主、副牌楼泥塑浮雕人物花卉图，并有对联书于柱子上。内为中国传统式穿斗、抬梁、排扇木构建筑，设正殿（又称正厅，建祖宗神龛）、中殿（中堂）、过厅、戏楼、厢房、耳房、天井。其建筑形式富丽堂皇而又大雅端庄，或中西合璧且耐人寻思。祠的泥塑、浮雕、木雕、彩绘人物典故、花鸟龙鱼，栩栩如生，布局谐调，寓意深远。正殿的左右山墙或后山墙往往楷书"孝悌忠信，礼义廉耻"八个大字。

　　侗族宗祠最早建于明朝末年。随着北部侗族地区木材贸易的产生和发展，湖湘地区汉族文化沿着黔

侗族祭萨

别具一格的天柱刘氏宗祠

东南的清水江流域传入侗族地区，汉族的宗祠文化对侗族的传统产生了重大的影响，汉族传统的宗祠文化于明末时期开始在侗族地区流行起来。最早如天柱县白市杨氏宗祠择基于清朝天聪四年（1630年），它历经七次大的维修，至今已有近四百年的历史。清代康乾盛世，有力地促进了侗族地区宗祠的兴建，这一时期修建的宗祠有近三百年的历史，之后宗祠建筑和族姓的各项文化活动经久不衰，成为侗族北部地区影响最大、最有活力的民俗文化活动。

侗族北部地区的宗祠文化，内涵十分广泛，家庙、家祠是各族姓人民团体祭祀祖先，缅怀祖宗，晒谱议事，教育族人，传承文明，继承家风和进行文化演出活动的重要场所。天柱宗祠文化习俗蕴藏着家族史、迁徙史、宗教制度和礼仪伦常等广泛内容。其主要表现在宗祠祖庙的修建，宗族民众集资投劳修建；清明节宗族的祭祖活动，同宗族众不定期祭祀祖宗；农历"六月六"的晒谱修谱活动，族谱曝于阳光之下吹晒而防止虫咬或潮湿；族规族约的制定与实行，修订宗族有关规定及条约；宗族历史文化教育与族人道德规范培养，传承先祖优良的道德和优秀传统；各种文艺活动的举办，如在祠内演戏、唱歌、跳舞、耍狮等；族内义工组织及帮扶，成立同宗董事会，定人守护家祠和对困难宗姓进行扶助；族际联谊及社区和谐关系维护，维系同宗及周边村寨的团结；族际的管理及族内孤寡赡养，对同宗田地、坟山等财产进行管理；其他文化活动。如舞龙、耍狮、唱民歌等。

　　宗祠以姓氏为基础而兴建，有的宗族一姓一祠，有的宗族一姓多祠而有总祠、先祠与分祠的区别，有的又以各姓氏支系兴建而形成一姓多祠的状况，人口多的姓氏，宗祠就多，各姓祖先于明末或清代建祠后，其后人一代一代地进行维修、扩建与保护，并以此传承下去。现在天柱保护较好的宗祠有30多座，毁损严重的部分宗祠正在原址复修。各姓氏修家谱以谱为脉，即使相隔几代，甚至几十代，也能认祖归宗，传承清楚，没有偏差。

　　侗族地区的宗祠文化地域性文化特征非常突出，宗祠活动以族姓为纽带，超越民族的界限，同一个宗祠内有侗族，有苗族，也有汉族。使用不同语言、穿不同服饰的民族在同一个宗祠内和睦相处。宗祠能维系宗族人的团结和邻里的和谐，传承祖先优良的道德传统，维护当地人民群众和睦相处的局面，承传民族与宗族的优秀文化和高尚精神。

　　宗祠的建筑也是各种文化相结合的产物，内为一进或二进、三进两天井的木构穿斗抬梁结合的干栏式建筑，外环砖墙八字牌楼，个别宗祠吸收西方哥特式建筑与中国传统建筑为一体。有的为两厢楼，有的为四厢楼；硬山顶屋面，上覆小青瓦，前后倒水。正厅明间靠后山墙设祖宗神台。厢楼屋面半坡，倒水入天井，设花窗，二楼有木栏，檐口的楼下是通道。正厅明间饰以驼峰支撑穿枋与瓜柱。进大门的前厅有戏楼，戏台楼下为通道，与其连建左右耳房作更衣室，戏台左、右、前的围栏枋板浮雕山水人物花卉图案。

　　侗族宗祠文化习俗代代相传，具有500多年的活动历史，宗祠是祭祀祖先、缅怀先辈、晒谱议事和教育子弟遵纪守法、尊老爱幼、勤劳诚实、团结乡邻以及惩罚不孝的场所，同时也是传承祖先优秀品德，弘扬民族优良传统习俗的精神依附所。

集体祭萨

祭萨仪式

● 萨玛护佑侗家人 ●

三宝侗寨萨玛祠

侗家萨大，客家庙大。
　　　　——侗族俗语

侗族社会传统信仰中，"萨玛"是最具代表性的，在黎平、榕江等地，几乎每个侗寨都会建造一座甚至几座"萨堂"，即供奉"萨玛"的神圣领地。

萨玛系侗语，汉译为"大祖母"、"先祖母"、"圣祖母"等。在侗乡有句俗语："gaeml mags sax, gax mags miiuh"，意思是"侗家萨大，客家庙大"。

"萨玛"在侗语里意为"大祖母"、"大奶奶"之意，其原型本身是一个侗族女英雄，名字叫杏妮。她为了保护族人，抗击封建王朝的残酷盘剥和压迫，在率领侗族民众保卫侗乡父老的征战中，于一个叫"弄堂凯"的地方壮烈牺牲。为了牢记杏妮的英雄事迹，在她牺牲之后，侗乡民众将她尊为"萨玛"（或称"萨岁"），她殉难的"弄堂凯"也被称为"萨岁山"。随着时间的不断演进，"萨玛"逐渐成为侗族民众普遍信仰的保护神，成为侗族民众公认的"大祖母"。因为侗家人认为她能赋予人们以力量去战胜敌人、战胜自然、战胜灾害，赢得村寨安乐、五谷丰登、人畜两旺，所以她永世为侗家人所虔诚崇拜。

建寨先建楼，建楼先设坛。侗族民众准备在某地落寨之前会先修建"萨堂"，侗族社会萨玛信仰习俗中，最具代表性仪式为"接萨"、"安萨"和"祭萨"。

祭萨玛

接萨，即由被称为"登萨"（侗语，dens sax，掌管祭祀"萨玛"的老妇人，在涉及"萨玛"祭祀过程中，象征着"萨玛"神明，可以视为"萨"的化身）的老人，率领经严格筛选的"福人"前往"萨岁山"取回一块象征萨玛英灵的石头或一定的泥土，表示"萨岁"的神明来到这个地方，永远护佑这个寨子（若是这个寨子不断发展壮大之后，会有一些寨民从主寨分离出去，构成一些从属于主寨的"分寨"，分寨要设立"萨堂"时，可以直接到主寨"接萨"，不用到"萨岁山"去）。

安萨：在将"萨岁"神明的象征物迎回来之后，"登萨"负责将象征物安放在萨坛之中。萨玛神坛为圆形土丘，土丘正中预留一个深约两尺的坑，中间安放一口大铁锅，有的地方在锅内放置蒲扇、草鞋、碗碟、酒杯、银饰及纺织工具等，有的地方放置碗和银币，还会安置象征"萨玛"的人物偶像等，再用一口大锅覆盖，铁锅边用精选的白卵石垒填上来，中间用泥土堆成圆形，在泥土正中栽上一株黄杨树，因为黄杨树叶常年绿色，象征着旺盛的生命力，寓意"萨玛"在侗乡民众心中"万古长青"。将一把半开的黑伞插在神坛中央，上面盖着

祭萨

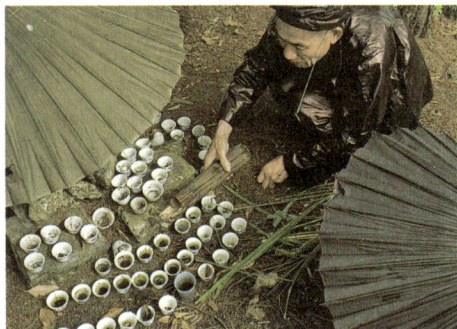

祭萨

网状的五彩剪纸花边，然后把侗族的百褶裙、一把扇子、一双草鞋放在伞里面。裙子为萨的服饰，扇子是萨扇风驱魔消灾的工具，草鞋代表萨夜间去巡视村寨，保护村寨平安。有的地方在此基础上还要按东、西、南、北四方及十二地支方位顺序均等安放12个木桩，用红、绿、黄纸或布把木桩头包住，用五色丝线捆紧。这12个木桩各地称呼不同，榕江地区称12个木桩一边代表萨的苦难、一边代表萨的武器；还有的地区称之为12位女神。在萨坛的正面，留有祭台等，以便于侗族民众祭祀萨玛时燃烧香烛及摆放祭品。

祭萨：萨玛祠除规定的祭祀时间外，平时是不许任何人到那里去的，是一个庄严肃穆、神圣不可侵犯的禁忌场所。每遇重大祭萨活动，各村各寨都会请专门的"登萨"来主持祭祀仪式。祭萨的规模一般为各村各祭，有的也邀请邻村、数村，或地域片区联祭，场面庞大而壮观。参加祭萨的人员各地不同，许多侗族地区全寨男女老少一齐参加，但榕江三宝侗寨的各个村寨是以已婚妇女为主体。

在黎平肇兴，每逢祭萨前，凡是从寨子嫁出去的姑娘和出门在外的家人都要回到寨子，然后通过拉绳结草等方式将所有通往外界的路口拦住，禁止外人进入，也不允许寨子中的人外出，这个仪式被称之为"闭寨"，时间为三天。在闭寨过程中，全寨人只行寒食，不允许生火煮食，直至三天之后，才会集中到鼓楼取回火种回家生火，寓意获取"萨玛"的护佑。

祭萨活动分四个阶段：敬萨、请萨出堂、与萨同乐（哆耶）、送萨回殿。先由管理萨坛的"登萨"给萨玛敬香献茶，奉上祭品，告知萨玛的英灵。然后是各家各户的侗族妇女穿着盛装前往祭祀，每人喝上一口祖母茶，摘一

祭萨

小枝黄杨树叶插于发髻上。随后，放三声铁炮，由"登萨"手持半开的黑雨伞开路，参加活动的人们迎"萨"出门，跟随"萨玛"绕寨一周，最后到达固定的耶坪，大家围成圈，手拉手跳起舞来，齐声歌唱赞颂"萨玛"的"耶歌"。唱耶跳耶，与萨同乐，气氛古朴而热烈。侗家人用这样的形式，祭祀"萨玛"的英灵，祈求"萨玛"赋予人们以力量，战胜敌人，战胜自然和灾害，赢得村寨安乐，五谷丰登，人丁兴旺。

祭萨是侗族人民的大事，在侗族人民的社会生活各个方面都具有重要的影响，她的历史价值主要体现在："萨玛"是侗家人的始祖，她繁衍了侗民族、开创了侗民族文明，使侗家人代代相传、生生不息。侗族人民认为萨玛是侗寨的保护神，她能驱邪禳灾、护佑村寨、保一方平安。这种文化理念让侗族人民在同强权暴行和恶劣自然作斗争时产生了强大的民族凝聚力、战斗力，为侗民族的生存和发展起到了特定历史时期的特定作用。

● "飞山"信仰有由来 ●

　　侗族地区普遍信仰"飞山公"——原诚州刺史杨再思。各地修建有飞山宫、飞山庙、威远侯庙等，都是供奉杨再思的场所。其中规模最大的当属锦屏飞山庙。

　　飞山庙是锦屏至今保存完好的标志性古建筑。据地方志记载，飞山庙始建于清乾隆三十四年（1769年），在嘉庆十八年（1813年）和光绪七年（1881年）先后进行了两次大规模的修葺。特别是光绪七年的这次修整，留下了今天我们所能看到的规制和形貌。

　　飞山庙建筑群主要由飞山阁、祀殿、神功戏台、厢房及山门等构成，主体建筑飞山阁高24.8米，是传统的木质结构，四层三檐四角攒尖顶造型，四根二十米左右通圆笔直的立柱从地面贯通阁顶，成为支撑整个建筑的基本框架，三层翘檐青瓦白脊，展翅凌空，与梁柱间雅致的窗棂阁栏，相映生辉，尚留在人们记忆中的木雕、匾牌、对联、壁画都已难觅踪影。传说飞山阁底层临江一面原有的一副抱柱联："俯视波涛，遥忆长江归海碧；仰观云汉，直疑高阁上青霄。"实为飞山阁临江而立，气势恢弘的写照。飞山庙是我省最高的木质古建筑，1982年被列为省级重点文物保护单位。

　　据文献记载，杨再思为唐末及五代时期靖州一代的少数民族首领，其时形成了一个以靖州飞山为中心的地方性势力，被称为"飞山蛮"，杨再思成为统领"十峒"的酋长。在与中原王朝的互动中，杨再思率领"飞山蛮"依附于楚，受封为诚州刺史，十峒"飞山蛮"，由此获得向周边地区发展的机遇，今湘、黔、桂界邻地区都被纳入其控制之下。

　　入宋之后，杨再思被新兴王朝追

锦屏飞山庙

封爵位谥号，渐渐被这一带百姓奉为神灵，称为"飞山太公"，并被塑造为杨姓乃至后来这一带侗族民众的祖先。宋神宗元丰六年（1083年），靖州士民立庙于飞山之巅，"飞山庙"由此得名。自靖州飞山庙建起，在周围相当广泛的地域范围内，也先后建飞山庙祀之。传说杨再思生于农历六月初六，殁于十月二十六日，于是这两个日子成为各地飞山庙最隆重的祭祀节日。

此外，黎平县内，洪州、水口等地区，每个村寨至少有一座飞山庙。在部分村寨，每个上规模的家族均有飞山庙，均有专人于每月初一、十五进行例行祭祀。黎平县尚重镇育洞村有一座飞山庙，每年有成千上万本县及榕江的信徒来此祭祀。

每逢祭祀"飞山公"，立有飞山庙的侗族村寨全寨60岁以上的男性老人全体着民族盛装前往飞山大王庙，在庙门外列队站立。作为牺牲的猪头、三杯清茶和三杯酒被供在庙内神台上，祭师在庙内焚香化纸、念咒语、祭词。祭祀完毕，炮手鸣三响铁炮，放了若干响鞭炮，祭祀仪式结束。之后，寨里的所有参与祭祀相关活动的人集中用餐，以求平安吉祥。

● 山水树木皆有灵 ●

侗族是一个相信多神的民族，侗族民众相信万物有灵，认为自然界各种物类和自然现象都有神灵主宰，并影响人们的生产和生活。

在侗族人心目中，龙凤花鸟、山川河流、古树巨石、桥梁水井等都能"显灵"，能驱邪除害，因而崇拜山神、土地神、水神、树神、石神、灶神、雷神等众多的神灵，以祈求得到神灵的庇护和保佑平安无灾。

山神。侗族同胞认为，每座山都有神灵，贵州侗族居住的圣德山、金凤山、黄哨山等，都是侗族神山圣地，每年六月分别有民众朝山拜神，不定期组织祭祀山神活动，各户派代表参加。届时宰鸡杀猪，拈香祭酒，摆设供品，由寨老主持祭奠。祈求五谷丰登，人畜平安，驱除邪恶。侗族进山伐木、狩猎、垦荒，事先都烧香焚纸求山神准许，否则将会招来灾难。

土地神。侗族对土地神的信奉比较普遍，主要分为寨头土地、路

增冲侗寨桥头上的土地爷

堂安石瓢水井

崇拜古树

头土地和山神土地等多种。在侗族北部方言区，每个村寨大都设有寨头土地庙，土地庙一般不大，立有牌位，但无神像。侗族民众认为土地神执掌人丁兴旺、地方安宁，逢年过节，必须用猪、羊、鸡等献祭，祈求丰收和平安。有些地区，猎人上山打猎之前，狩猎的引头人须到溪沟里捞取三尾小鱼作为供品，烧香化纸敬祭土地神，然后领队上山。猎获后，还要向土地神谢恩还愿。

水神。侗族地区有新年第一天挑"新年水"敬祭水神的习俗。每年除夕夜里，各家各户吃完年夜饭后，静待时辰交汇，一旦时针走过12点，进入新年，大家会第一时间赶到寨子的水井边，烧香点烛化纸，祈求水井神保佑一家平安，之后再取水回家。贵州省榕江县车寨的侗族妇女，还合办酒菜到井边祭祀，围在井边，歌颂水井，祝愿井水终年长满，四季清甜。

树神。侗寨一般居于大山林荫掩映深处，因此对山林、大树的崇拜显得尤为突出。几乎每个侗寨都有不容侵犯的"风水树"，也叫"保寨树"，树上贴满寄养拜帖或缠满象征寄养的红布条。侗族民众认为大树是生命力的象征，哪家孩子生下来如果命理缺木，往往会第一时间到寨头的大树那里去祈求树神保佑，上香焚纸，将写上姓名的拍贴贴在树干之上，以获得树神的护佑。

此外，侗族对石神、灶神、雷山、风神都有非常虔诚的祭祀。

DONGJIA

侗家
的年节

DENIANJIE

● 侗年：缅怀祖先的日子 ●

侗年，侗语称为"年更"，是侗族南部方言区为主重要的传统节日。在侗族聚居的榕江、从江、黎平等县侗族村寨，都有过侗年的习俗，虽然各地侗族过侗年的时间先后不一，但多在农历十月到十一月间进行。

侗年，有的地方又称冬节或杨节，最初仅仅是侗族杨姓节日，随着各地交流的不断增强，除杨姓之外的寨子也互相仿效，过侗年的人逐渐多起来。

过侗年期间，各家各户杀猪宰羊，请客访友，宴饮作乐。过侗年还有一种说法叫"吃冻"，主要是因为过侗年之前的一天，要用酸汤把鱼虾煮熟，经一夜冷却成"冻菜"，过侗年当天还要用制作好的"冻菜"祭祀祖先，这是侗年最具特色的一个环节。

过侗年的时间之所以选择在农历十月之后，主要是侗族人民认为

欢奏芦笙

在五谷丰登、六畜兴旺、一切农耕事务完毕的秋后，便是劳作的一年已经过去，新的一年到来的时候。因此，有些地方把农历十一月当作新春的岁首，有的地方则视为旧年的终末。在这被认为是旧岁已去、新年到来、禾谷满仓、禽畜满圈之时，家家杀猪宰羊庆贺，年复一年而沿袭成侗族的年节。

榕江七十二寨是侗年习俗最为典型的地方，那里每年农历十月底至十一月初举行欢度新年的庆祝活动。除了准备丰富的祭品祭祀先人、缅怀祖宗的功德之外，当地侗族同胞在新年之际，家家将房前屋后打扫干

侗年斗牛

净，男女老少更换新装，人们宰猪杀牛，舂糯米粑，从十一月初一到初五，举行大规模的踩塘跳芦笙和斗牛活动，还邀请四乡八寨的同胞们前来共度传统节日。

在侗族地区，关于侗年的来历有两种说法：一说彦洞的龙姓侗族是最早落户于此，后来罗、黄、王、龚等姓祖先相继而来。

过侗年

罗姓祖先为村寨和睦，于十一月廿七杀猪宰牛、打糯米粑，宴请各姓亲戚，十二月初一，其他姓家族也设宴答谢。另一传说是因在战争兵乱的年月里，罗姓祖先听到有军队要过境的消息，就提前于十一月廿七日杀猪宰牛过了年。后来其他姓的人家知道了，也于十二月初一过了年。

2007 年，侗年被列入贵州省第二批非物质文化遗产名录。

2010 年 5 月 18 日，中国文化部公布了第三批国家级非物质文化遗产名录推荐项目名单。"侗年"入选，列入民俗项目类别的非物质文化遗产。

● "吃 新 节" 为 的 是 来 年 丰 收 ●

"吃新节"是侗族地区仅次于侗年的古老的传统节日。

由于分布地区不一样，各地吃新的时间和仪式不尽相同。天柱、锦屏、三穗等县的侗族村寨，有的在小暑后的第一个"卯日"，有的则在七月的"寅"日或"卯"日举行尝新仪式。

吃新节要举行祭祖仪式，祈求人畜两旺、农事丰庆。

天柱、锦屏、三穗等县的侗族村寨，节日之前，家族中的妇女，集体到河边将竹筒、水桶及粽粑叶、干蕨菜洗净，回家以糯米、高粱和盐巴拌匀，腌入坛中备用，并用刚从井里担来的"新水"泡糯米，酿制甜酒。节日菜肴以鱼为主，还要吃不放盐的玉米和瓜菜，这是"忆苦饭"。旧时的节日礼仪是在火塘边的方桌上，摆着盛满糯米饭的器皿，

欢乐吃新节

侗族吃新节

饭上面盖四张接骨丹叶，桌边置一长凳，凳上按一定的距离给每一房族摆若干张接骨丹叶，叶上放糯米饭和三节未出穗的禾苞，同时还摆上四尾鱼、两碗煮烂的瓜菜、两碗甜酒以及干蕨菜拌腌菜，旁边放上一双新筷子。摆放完毕，由年纪最大的先品尝各种饭菜，然后各房按长次顺序入座，一起吃饭。

黎平、从江、榕江一带的"吃新节"，有的在六月十二，有的在七月初二、初四、初七，有的在七月十四、八月初一等不同的日子。很多地方过节的前一天，由妇女到河边把餐具洗净备用。过节当天，晚餐特别早，席上菜肴以鱼为主，筷子全是新制的实心筷，房门一律敞开，并用未出穗的禾苞或用笋壳叶包糯食，祭供祖先。次日清晨天未亮，走廊上香火通明，全家共进晨宴。饭后，男人杀鸡宰鸭，为迎接客人做好准备。节日期间，还要举行对唱大歌、斗牛等活动。

榕江县七十二寨的侗族地区"吃新节"，没有统一的日期，各地侗族村寨根据本地传统习惯而定，一般选择"卯"、"酉"的日子吃新。有的寨子"吃新节"选在小暑后的第一个"卯"日（农历五月底至六月初），有的寨子选择六月第一个"卯"日或农历六月第一个"酉"日，而有的寨子选在农历七月初五、初七、十一、十四过吃新节。还有的村寨分别在六月初和稻谷成熟后过两次吃新节。

不管是什么日子过"吃新节"，祭祖都是一项重要内容。早上，过"吃新节"的寨子，杀猪宰牛，杀鸡杀鸭，开田捕鱼，家家蒸糯米饭。

在吃饭之前，全家人都围坐在火塘边，由家长举行"斗煞苟妹"仪式，即在火炉正面摆放3张纸钱、3个酒杯，把已煮熟的糯米饭、猪肉、鸡、鱼等各取3点放在纸钱上，接着，烧香化纸，把烧的香纸分成3份，各插在火塘边和神龛上，一边念《祭祖吉利词》，大意是："尊敬的祖先，今天是吉日，我们家过吃新节，已备有酒、猪肉、鱼和糯米饭，请你们先来尝，我们再后尝。你们生长在前，我们生长在后。我们晚辈喊你们，听到喊声后，你们要互相邀约，互相转告，老小都要来，一起到我们家过节。并望你们保佑我们全家安康、人丁兴旺、富贵发财，富贵得像千娘八妹，壮得像薛仁贵，雄得像包丞相；保佑我们种粮丰收，种棉成球，五谷丰登，六畜兴旺，千年万代，越吃越有，富贵长久。"祭祖词有长有短。念完祭祖词后，把敬的3杯酒，先倒一杯淋在已烧的纸钱灰里，剩下两杯拿给在场的人吃。敬祖用的3棵谷穗要收藏起来，一棵放进仓库，意味着当年稻谷满仓，一棵放在火炕上，预祝糯禾满炕，一棵放进坛子，象征腌鱼、腌肉满坛。然后全家人统一面朝一方，一般是朝东方转一下，默默祝愿，这样就可开饭了。为啥要统一面朝一方呢？老人有一种说法是，如果在吃饭之前，全家人东转西扭，这年田里的稻谷就会乱七八糟，会减产又不利收割。统一面朝一方，诸事就顺了。

侗族"吃新节"祭祖，往往会采摘3棵秧苞或新谷穗。传说很早以前，侗族的祖先原住在广西梧州、浔江一带，因为那里"田在高，水在低"。当时人们改造自然环境的能力低下，加之人口发展越来越多，由于人多田地少，种出的粮食不够吃，生活非常艰辛。为了生存，侗族祖公商量决定迁徙，沿着都柳江逆水而上，先是乘船，后来徒步，翻山越岭，他们来到一个三岔河口，不知该走哪条路为好？就默默地向祖先祷告，然后向天空甩出自己的拐棍，拐

集体吃新

吃新节祭祖

享美食

棍落地后，见到拐棍尖指着中间那条路，祖公们就从所指这条路往前走。于是，来到了黔、桂、湘三省（区）相互毗邻的地带，开荒造田，种植水稻、蔬菜瓜果，不出所料，水稻长势茂盛，一片片稻谷和蔬菜瓜豆成熟，一派丰收的景象。有了吃之后，人们喜笑颜开，都说这是祖先引来到了好地方。为了感谢祖先之恩，吃新节这天，每家每户都到稻田里摘取 3 棵秧苞或谷穗，象征当年的新谷，开田捕捉当年放养的鲜鲤鱼，并备好祖先爱吃的糯米饭、鸡鸭肉以及蔬菜等，祈望祖先保佑当年粮食获得丰收。

　　侗族"吃新节"，除了祭祖祈祷丰收外，还要开展丰富多彩的娱乐活动。一般以斗牛、斗鸟、演侗戏等形式为多见。侗族多数居住在山区溪水边，斗牛娱乐是他们最喜爱的活动之一。民间流传的《斗牛古词》中这样写道："孔明天相号召娱乐，苗、侗祖先凑银买牛，吹笙斗牛，乐而忘返。""吃新节"这天，人们身着民族盛装，尤其是姑娘们打扮得极为漂亮，她们穿着自己亲手绣的新衣；小伙子们身着青布侗衣，与全寨男女老少一起来到打牛坪，观看斗牛活动。斗牛场上，人山人海，非常热闹。斗牛结束后，主寨人各自邀约亲戚到自家做客。在酒席上，人们一边谈论斗牛以及交流生产经验，传递信息；一边吃饭喝酒，猜拳行令，互相敬酒敬肉，有的猜拳吃酒至深夜。侗族"吃新节"，既是一次物质交流活动，又是一次广泛的精神文明活动。侗族人民十分好客，有"人不走不亲，桥不走要烂"的说法。

● 报京有个"播种节" ●

　　报京侗寨是黔东南州的第一批民族民间文化保护村寨、全省100个重点民族村寨。

　　报京侗寨坐北向南，背靠大山，寨子周边的千年古树堪称镇寨之宝。这里保留完整的侗族传统的吊脚楼木房结构，房屋沿山就势攀爬直上，层层叠叠，鳞次栉比，次第升高，巍然壮观，富有个性，是侗族传统建筑的一个缩影。从远处眺望，"山中有雾，雾中有树，树中有屋，屋中有鸟"，体现了人与自然和谐共生共存的居住环境。报京侗寨传统文化、民间技艺、民族风情世代相传，独具特点的报京"三月三播种节"，是贵州省非物质文化遗产项目。

　　关于报京三月三播种节的来历，有一个凄美的传说。相传在很久以前，报京侗族大寨的祖公弥留之际交代儿孙之生活之路："农田庄稼讲节气，晚无收来早不生；侗族莫听外人哄，桐子开花就下种。"

儿孙们记住了老祖公的话，每年三月三，一见桐子花就开始做农活。寨上有一个小伙子，整天好吃懒做又贪玩，只会吹芦笙。一天晚上，他悄悄把寨子内外的桐子树都剥了皮。冬天过去，春天到来，阳雀叫了，金银花也开了，可是桐子树一直没有开花，人们误认为季节未到，还放心落意地听那些年轻罗汉（男青年）们吹芦笙。一天夜里，雷公大怒，山洪暴发，人们看到顺洪水漂下来的一堆

姑娘洗葱蒜

好大一条鱼

讨葱蒜

报京播种节

堆秧苗，方知误了栽秧季节。恰逢这时，报京寨有一对青年男女相爱，男的叫桥生，女的叫良英。良英的父母嫌桥生家穷，不愿把良英嫁给桥生，硬把良英许配给一个富家子弟。良英极力反对这门亲事，背地里继续和桥生相亲相爱。三月初三这一天，良英到田里捞了鱼虾，到园里扯了葱蒜，约桥生到寨边金矿洞旁的莫嘎树下相会。两人脱下草鞋挂在树上，表白忠于爱情生死在一起的决心，并到坡上煮食了葱蒜鱼虾，以誓永不分离。由于他们的行为违背了习俗，后来遭到寨头及族人的毒打，双双跳崖殉情。后人为怀念桥生、良英，反对包办婚姻，每年三月三，一对对青年男女来到金矿洞边谈情说爱，瞻仰桥生、良英留在莫嘎树上的鞋印，相誓要学桥生、良英一样，永远相爱……

此后，寨主议定每年三月初三这天作为播种节。一则表示缅怀被包办婚姻残害的青年，开创自由恋爱的先河；二则告诫人们进入农业生产季节，不得再玩耍，直至立冬，芦笙方能启封。

报京侗族三月三"播种节"一般历时三天，主要有捞鱼虾、讨笆篓、讨葱蒜和踩芦笙等活动。

每年农历三月初一二，报京侗寨的姑娘们手持捞篼，腰系笆篓，相伴成群到田边、沟边、溪边捞鱼虾，捞到的鱼虾就在野地里煮吃，边吃边唱歌，男青年们也结伴来到姑娘们聚集的地方，向姑娘们唱歌和讨装鱼虾的笆篓，姑娘们则会高兴地邀请男青年们共进午餐，并将装着鱼虾的笆篓送给他们。这是"三月三"的序幕，也叫做"讨笆篓"。

三月三是"播种节"的高潮。如果有寨外的客人到来，寨中的芦笙堂会响起三声铁炮以示欢迎，寨老组成的迎接队伍，在阵阵芦笙乐曲中，热情好客的报京侗胞会为每一位进入寨子的客人端上米酒，算是进寨"拦路酒"。姑娘们穿着盛装，头上戴着银花，胸前挂着银项链，手上有银手镯，配上绣围腰、绣花鞋，手提竹篮到池塘边，将竹篮中的葱蒜洗得干干净净的，等待自己的情郎前来讨篮子，当地称为"讨葱蒜"。姑娘们的葱蒜篮子只送给那些情投意合之人，所以讨得葱蒜者，说明姑娘已默许。"三月三"这天，报京侗寨周围挤满看热闹人群。姑娘和后生的父母们亦夹在其间，来看自己未来的女婿或媳妇。按当地习俗，只有"三月三"这天长辈才能来看自己儿女谈情说爱，其余时间一般都回避，儿女们在谈情说爱时也是回避自己的父母兄弟。

报京侗寨芦笙堂中央往往放着一个大酒坛。人们以酒坛为中心点，手牵着手围成几道圈。里圈是吹芦笙的男青年；第二圈是穿长袍马褂的老人；第三圈是身着盛装的年轻姑娘们；最外面一圈是年纪大一些的妇女。围成圈的人们跟着芦笙的优美旋律踩着鼓点翩翩起舞，鼓点声、银饰声、笑声响彻云霄。

晚上，报京侗寨的姑娘和小伙子们隔着木板壁墙唱情歌，情真意切。按报京侗寨的习俗，只有"三月三"的三天才能在屋里唱情歌，其他日子只准在坡上唱，不准在寨子里唱。

播种节捞鱼虾

KUANYUEXIADE
款约下的
乡规民俗
XIANGGUIMINSU

● **侗款——侗族和谐社会的丰碑** ●

> 天上有雷威，
> 水中有龙威；
> 山中有虎威，
> 村中有人威。
> ——侗族款词

"款"是侗族社会特有的民间自治和自卫组织，具有约定俗成的基本特征，同时具有很强的权威性，约束并鞭策着族人遵章守纪。

侗族款组织由款首、款脚（传号令者）、款众（军）、款坪、款牌、款约、款判等构成。

按照规模来分，款组织分小款、大款和特大款。

小款为以村寨为社区的内部管理组织，具有明显的血缘内涵，负责以盟誓的款条款规规范房族内部、村寨内部的过激行为，排解内部纠纷，维护房族和村寨的秩序，确保族群的和谐相处。

　　大款为村寨与村寨之间的结盟组织，往往以流域、山系为单位，系地缘单位。乾隆二十二年（1757年）在黎平竹坪成立的"十洞十三寨"便是典型的大款。

　　特大款是侗族社会为了加强村寨之间的联系，形成相对稳定互访对象，甚至为了对付外敌、联防贼盗等目的，由数十个大款联合成、几乎涵盖全民族的组织，又叫"联合款"。特大款是侗族款组织的最高形式，有"头在古州，尾在柳州"之称。大款和联合款的款首由各大款的款首联合组成，没有首长，没有王者，凡事商量，是"没有国王的王国"。

　　凡是参加"联款"村寨的成年男子在寨老的率领下，集中在约定好的地方，杀猪宰牛，对"萨岁"盟誓，为表诚心，还在款坪举行"吃刀尖肉"等仪式。主持约款的总款首会当场宣读各寨款首们互相商议而定的款约，总款首每说完一个方面，其他的款首举手表决，以吼声来表达同意。待所有款项通过后，款首们举起血酒，共同饮下，并决定今后将共同遵守这一次的约定，违者按照款约处罚。

　　相传，侗族款约为侗酋杨再思所立，有"飞山宫主立大款"的传说。讲款时，寨老、款首所讲的款约中，有"当初六郎立款，宫主制约，订下六阴六阳，六六三十六条大款"。其中"六面阳规"主要是对一些较轻的

款碑

罪行予以处罚的规定，如对"走路碰翅膀，耙田碰头颅"等下流行为的处理办法是："这是小事初犯，罚四两四，罚八两八……"对"地头偷红薯，地尾偷豆角"等小偷小摸行为处理办法是"罚他喊寨敲锣"，这些都是一些警示性的，目的在于使犯错之人悔过自新。"六面阴规"则是对一些重罪进行概括，如对"骑坟葬祖，挖生尸，拱干骨"等重大刑事案件的处置办法是"抓他三父子共埋老鼠洞，抓他五父子同抛深水塘"，即处以沉塘、活埋等极刑。"六面威规"则主要是对村寨之间集体做客过程中的礼仪和道德标准提出要求，如"你来我村，我去你寨，你来我往，都是一样……有干石凳来坐，有干稻草来歇"，"我们做米共簸箕，我们做水共条枧……"

庆云歌堂碑

增冲万古传名碑

此外，侗族款子还包括族源款、款坪款、出征款、英雄款、创世款、习俗款、请神款、祭祀款等。

族源款。介绍侗族起源的款规款词，如《人的根源》、《宗支款》、《祖宗落寨款》等。

款坪款。记述各个款组织的区划和村寨范围的款词，如《十二款坪十二款场》、《款坪款》等。

出征款。款组织集结款众抗御外来强暴，出征前的盟誓款词。内容主要是鼓舞士气，号召款众团结互助，保护村寨，英勇抗敌。

英雄款。颂扬、缅怀侗族历史英

雄人物及记述英雄的功绩和战斗历程的款词，具有很强的传记色彩。著名的英雄款词有《萨岁款》、《吴勉王款》等。

创世款。介绍天地、人类由来的款词，包括《天地、山河的来历》、《牛的来由》、《猪的来由》、《芦笙的来由》等等，均属创世款之列，是叙述世间万物和人类起源的款词。

习俗款。介绍民族各种风俗习惯来历的款词，如《破姓开亲》、《行年根由款》、《恢复祖先俗规》等。

请神款。进行合款仪式活动时，要邀请诸神来参与合款活动，并作佐证以助款的神威。

祭祀款。一是悼念词，即对族人长者逝世时举行丧葬仪式念颂的款词，内容主要是表达对亡者的悼念及对亲属的安慰，祝愿死者在另世"天堂"得到幸福。二是神祭款又叫送神款，是神祭活动结束时请各位神灵各自回到自己的神位上去，永远保护村寨，同时也哀告款众牢记祖先规章约法、道德风尚，以求和谐和繁荣昌盛。

为了突出款约的权威性，在侗族社会每次约款之后都会在款坪中埋石，后来逐渐演变为立碑，把大家都认同的款规刻在石碑上，以确定款词的稳定性。如黎平县岩洞镇竹坪村竹坪大寨寨脚花桥旁的《款禁碑》记载了一次重大议款活动：清乾隆二十二年（1757年）二月初五，竹坪、新洞、岩洞、述洞、铜关、宰拱、朋洞、山洞、四寨、坑洞、觅洞、摆东、几碳等13个侗族村寨的款首或头人在竹坪寨罗汉坡脚聚会，商讨维护当地社会治安的民间公约，并勒石立碑：

今天下承平日久，屯寨杂处，女织男耕，熙熙攘攘，均沾皇恩升平之世。如无数年来，有无知之棍徒，约济两三人，一入其寨，或偷牛盗禾，或挖墙穿壁，或盗鸡鸭，或盗羊，受害无休。兹我众寨商议，立禁款禁，以安地方事。如有偷盗，拿获查实者，通历众寨，绑捆款上，立即打死。一不许赴官；二不许动凶；三不许隐匿抗违。如有三条查一，同治罪。立此款禁。

侗款的主要职能是维护社会治安，如制定民间规约、调解民间纠纷、处理违约行为、组织公益建设、传承民族文化等等。

侗款在构建侗族地区和谐社会的历史进程中发挥着重要的作用。

● 尊老爱幼是永恒的传统 ●

老少同乐

　　进入侗寨，我们会发现这里仍保留着许多自古以来流传下来的良好风俗习惯，尤其是尊老爱幼，是侗族社会长期以来形成的优良传统。

　　侗族素有尊老爱幼、礼貌待人的优良传统。老年人在家庭和社会上处处受到人们的尊敬。在家庭内部，老年人是最受敬重的，儿孙晚辈以赡养照顾老人为荣。侗族社会生活中的火塘，是集中体现侗族尊老敬老的地方，一般情况下，长者及客人座位在火塘上方，因为火塘上方离火塘最近，便于烤火和吃饭，其他人则按年龄分坐其他方位，吃饭时先给长者或客人上饭、添饭，要用双手端碗，否则是失礼的行为。

　　每天早上起来，年轻人要先给长辈打洗脸水，长辈洗脸后要帮忙倒掉洗脸水、晾毛巾。晚上也要先给长辈打洗脚水，睡前还要铺好床，体现对长辈的尊敬。

　　外出途中遇见老人，不论相识与否，都要笑脸相迎，主动招呼，表示尊敬热情友好。如果相遇不打招呼，会受全寨人的耻笑，说你没有教养。路上行走，彼此互相让路，一般的要让老人、小孩先行。有急事要先走时，要说一声"我先走一下哟"。平时不能从他人面前走过，必须走过时，要说声"往你面前借过"。这都表示失礼不得已而为之。

　　在侗族地区，每年的重阳节，外嫁的女子都要带上礼物回到家中拜望父母，一般会带上糖、酒、糯米粑和一只鸭子，表示对父母的思念，这一传统历史悠久，是侗族社会地地道道的老年节。再有就是逢父母生日，凡是出嫁的女儿都要为父母祝寿，当地叫"吃生"，届时女儿女婿会为父母带来礼物表达自己的孝心。正因如此，侗族社会生活中，重男轻女封建思想色彩较淡，不少老人都希望自己能有女儿逢年过节来陪自己过节，因此儿媳在这些年节都要带上孩子回外婆家，这是侗族社会尊老敬老的一大特色。

侗族社会中对幼儿的爱护主要表现在"三朝"、"周岁"等礼仪之中。

侗族"三朝"礼仪，有"小三朝"、"大三朝"之分。"小三朝"是婴儿出生的第三天，由外婆、舅妈等至亲带上礼物祝贺新生儿降生，并举行为新生婴儿洗澡、更换新衣等仪式。"大三朝"则是在"小三朝"的基础上，由外婆、奶奶等商定并请人测算吉日庆祝新生婴儿降生的礼俗，又称为"三朝酒"。被邀前来庆贺的宾客以女方亲戚为主，所有宾客一般都是在中午之前到齐。并且，所有来宾都要送来礼物，其中以外婆的礼物最为丰厚，有猪肉、糯米、甜酒、鸡、鸡蛋、侗布、侗锦、腌鱼、银项圈、银锁、银手镯、两床新被、新衣物等。除外婆外，姑妈等也会前来祝贺，给新生儿带来礼物。客人来到之后，傍晚酒宴开始，男女分别入席。敬酒时，双方互握手腕，换杯喝酒。性别不同，男方先饮；年龄不同，长者先饮。席间敬酒对歌，直至夜晚。

侗族社会对孩子的第一个生日非常重视。父母对筹办孩子的第一个生日是非常讲究的。他们首先让孩子穿上精心缝制的民族服装。妈妈也得特地装扮一番，以便迎接亲友和邻居们的祝贺。客人以外婆为主，

欢快的人们

都会给孩子带来丰富的礼物。

此外，为了鼓励孩子能够独立成长，在侗族南部地区还有一种独特的成年礼仪方式——滚烂泥巴。小的孩子五岁、十岁、十五岁要经历过三次滚烂泥巴。五岁的人，就要脱离母亲的怀抱，开始跟着父亲学习劳动。母亲把孩子领到田边，由父亲在田坎那边接着。到了十岁，父亲把他领到田边，由祖父在田坎那边接着（没有祖父则请寨子里德高望重的老人），意思是孩子初步养成了劳动的习惯，下一步要向祖父学习并锻炼意志、培养耐性了。到了十五岁，则由祖父把他带到田边，对面田坎没人接，从这时起，意味着你长大成人了，需要自己能够从烂泥巴的一头顺利地滚至烂泥巴的另一头，说明这孩子已经具备了成年人独立生活和为人处世的能力，父母们方可一致认为自己的孩子已经成为了成年人。今后孩子的事情父母们将不再像以往那样，事事过问，以后子女成长的道路走的如何几乎全凭孩子他自己。

侗族传统文化正是在一代代敬老与爱幼过程中得到传承发展和发扬光大的。

● 侗乡奇俗——贵客拦在寨门外 ●

拦门迎宾

侗族是一个十分注重亲情、崇尚礼节的民族，讲究血亲关系，因此，常常聚族而居，一村一寨就是一个家族或几个家族组合。过去侗族地区每村每寨都有自己的寨门，一是为了家族聚合，二是防偷防盗和抵御外敌入侵。侗族凡家族内不通婚，但家族之间或不同姓氏之间可互相通婚。因此，家族之间、村寨之间常常互为姻亲关系。稻作民族长期养成的习性练就了侗族人民热情好客的民族性格，加上来来往往的姻亲关系，使得侗族地区各家族之间、村寨之间相互走动频繁，由此而形成一些独特的待客方式。拦门迎客就是其中一种独具特色的待客礼仪。

每当逢年过节或重大喜庆之日，村寨之间时兴集体做客互访，举行各种喜庆娱乐活动，侗语称之为"月也"。此时，设置路障拦门迎客就是必不可少的仪式。拦门迎客时，与客人对歌、请客人喝拦门酒又是必须的礼数。当客人快到寨子时，主寨的年轻女性便列队于寨门内，拉绳摆桌设路障，候迎客人到来。拦门的绳子上结着草标、挂上鞋垫或锦带、吊着红蛋，桌子上也摆上迎客酒以及腌鱼腌肉，以显示场面的隆重和对客人的尊敬。

当客人来到寨门前，主客之间先互相问候，接着主人便发歌问客，一般是迎客歌和酒歌，客人也须用歌来回答，间或伴以诙谐话语，一来一往，你问我答，热闹非凡。拦门仪式一方面彰显主人的才智，同时也考验客人的智慧，言语幽默，歌声充满激情，富含寓意，不但密切了主客之间的关系，更把隆重和喜庆的气氛推向高潮。歌毕，主人方才撤除路障，并向客人敬酒，给客人夹食腌鱼腌肉，将绳子上的鞋垫、锦带和红蛋挂在客人的脖子上，欢呼着将客人簇拥进鼓楼里或寨中参加活动。

这就是侗乡一大怪——贵客拦在寨门外。

● "月也"是一种生活方式 ●

做客

"月也"流行于侗族南部地区，尤以黎平县南部和从江县北部地区的侗族村寨最盛行，也最为隆重。

"月也"，用汉语理解为"吃相思"，是侗族社会一种村寨、家族之间集体走访做客的最为隆重的社交活动，其表面意思为集体做客，其内涵则是侗族人民以独特的方式展示和传承自己的文化，延续自己的历史。"月也"一般是在秋收后或春节期间进行，以示庆贺丰收，欢度节庆，同时还不误农时。"月也"期间要开展多种多样的集体社交活动，主要活动形式为客寨到主寨去演唱侗戏、对唱侗歌、男女青年交友、老年人走亲访友等。大年后，由戏班师傅或歌班师傅向寨老提出建议，去哪个寨或哪几个寨演戏、唱歌，寨老商议允许后，择一吉日，安排两个男青年带上寨老写好的红帖子，到指定的寨子去拜帖。送帖子的人来到指定的寨子后，必须到鼓楼下吹上三首芦笙曲，然后将帖子送到主寨寨老手上。寨老会召集本寨代表商量，如果同意，便请一寨老陪客寨送信帖的人先到本寨的萨堂作简单祭拜，以示敬仰祖先、尊敬寨人，然后将送来的红帖张贴在鼓楼正门柱上，以告示全寨寨民，某天某寨要来本寨举行"月也"活动，让各家各户做好准备。

　　客寨寨老得到肯定的回信后，便组织全寨作积极的准备。到"月也"的那一天，甲寨男女老少一齐出动。临行前，寨老先到"萨堂"去请"萨"护佑，然后全寨青年男女吹奏芦笙，敲锣打鼓，将"萨"请到鼓楼里，先唱颂"萨"歌，再唱三首求"萨"保佑的歌。大家唱完，三声铁炮声响起，集中前往主寨。靠近主寨时，便吹奏芦笙，敲锣打鼓以示报信。

　　主寨则组织队伍在寨门迎接，客人一到，主寨要热情接待。迎宾仪式既风趣又别致，既隆重又欢乐，唱"拦路歌"便是传统的迎宾习俗的第一步。每当客方的歌队进入主方的必经路口或门楼前，主人则会用板凳、木柴、竹竿、绳子等杂物设置障碍，堵住路口，由主寨姑娘拦住客方的后生（或主寨的后生们拦着客方的姑娘），唱"拦路歌"。

　　主寨唱：

　　　　砍根青刺把路拦，

　　　　杉树挡在寨门边，

　　　　根根杉树有枝丫，

　　　　你把哪枝别上前。

　　客人唱：

盛情"拦门"

青刺拦路拦不住，
杉树不能捆寨边，
不怕杉树枝丫多，
我先提斧砍树尖。

主寨唱：

我们拦路不让行，
寨口筑起三道门，
一道门楼一番理，
讲清道理才准进。

客人唱：

莫拦大路放人行，
拦路也要看情形，
你们拦路该去拦那有钱客，
何必拦住单身腊汉不放行……

就这样客方逐一推翻对方拦路的种种借口，一唱一答，一来一往，主客双方场合的气氛非常热烈，每当客人们用歌答复了主方提出的逗趣性盘问后，主方则拆去一件拦路的障碍物，一直到把拦在路上的障碍物完全拆除干净将客人迎进寨为止。

进寨后，主寨鸣放铁炮、敲锣打鼓吹芦笙，引导客人到"萨岁"神坛前，举行祭仪，然后再引进鼓楼下踩歌堂。宾主各唱三支歌，歌词一是请"萨"，二是表示欢迎和表示歉意。

举行完集体活动之后，主寨各家各户回到鼓楼坪分客，各自招待，招待饭菜各家自行安排，尽量办得体面，以扩大

"吃相思"

本寨声誉。客人一般在主寨唱上三天，如戏唱得很好，歌唱得委婉动听，主寨便多留两日。"月也"期间，宾主白天唱侗戏，晚上唱大歌或一起踩歌堂，直至深夜。下半夜时，主寨的男青年便找客寨的姑娘对唱情歌，客寨的男青年也找主寨的姑娘对唱情歌，这便是著名的侗族月堂情歌。

送客时，主寨家家户户用草包糯米饭或捆吊糍粑赠送客人，每包饭、粑边上还用花线捆吊一串三至五个染红染绿的鸡蛋，特别盛情人家，还捆鸡缚鸭相赠，全寨集体送羊或送猪或牛一头，村上姑娘还给客寨后生每人赠送一条毛巾，这类赠物谓之为"尾巴"，让客人挑挑提提无一空手。送客时，全村男女老少倾出，放铁炮、鸣鞭炮，敲锣打鼓，吹奏芦笙，欢送客人出村。次年或若干年后，主寨再到客寨回访，循环往复，互为主客，增加交流，促进感情。

做客回来
......●

● "抬官人"表现的是能力 ●

　　在黎平、从江所属的"六洞"地区，有一项侗族群众最喜爱的传统文化娱乐活动——抬官人，侗语叫"掂宁蒙"。该活动反映了历史上侗家人祈求天公地道的愿望，已有三百多年的历史。"抬官人"活动形式独特，气氛热烈，饶有风趣。它通过化妆表演，运用艺术造型的手法，把过去的社会历史现象，用神话传说般的意境再现于生活之中。因此，又具有浓厚的喜剧色彩。

　　"抬官人"的时间一般都在春节期间进行。侗族村寨在春节期间有"月也"的传统习俗。该活动以男女青年为主体组成数十乃至数百人的做客队伍，其中包括侗戏戏班和芦笙队，主寨则杀猪宰羊盛情款待。在"月也"活动中，主客两寨青年男女演侗戏、唱侗歌、踩堂对歌、对赛芦笙等，其中"抬官人"是"月也"活动中最吸引人的项目。

"官人"巡游

　　关于"抬官人"的起源，有一个神话传说：

　　传说很久以前，侗寨发生瘟疫，不断有人死去，大家都说是怪兽在作怪，

抬"官人"

簇拥"官人"

人们纷纷四处逃难。这时，一位龙王闻讯进寨来帮助侗王消灾。侗王又请苗王下山来，一起协助龙王把怪兽赶出山寨，人们才得以太平。为了答谢和纪念侗王、苗王和龙王为民除害，侗族人民从此开始举行"抬官人"活动。节日里，侗族人民身着节日盛装聚集在一起，以龙的造型排列，举着印有龙王和官人图案的彩色节旗，抬着侗王和苗王，走在队伍的前面为龙头，芦笙队作为龙的声音一路欢腾，人们头戴尖帽，身披毛毯为龙的鳞。而穿着丑陋，画着黑花脸，抬着官人者为被龙王制伏的怪兽，作为惩罚，他们要抬着两位大王走街转寨给人们观看。

　　"抬官人"活动主要目的就是寨子男女老幼尽情娱乐，增添节日的欢乐气氛。然后就是促进村寨之间交流、沟通、团结、协作，加深村寨之间青年男女们的相互了解甚至建立感情。

　　当前，"抬官人"活动已经运用到了一些重大的节日活动上，成为娱乐狂欢无可替代的内容。"抬官人"队伍成员装扮怪异，有的破衣草束扮穷乞，有的抹锅烟扮盗魁，有的遍身涂彩扮妖仙，有的持矛佩剑扮营卒，有的挽上衣裤扮渔夫……"官人"由青年或小孩装扮，在这样一群人簇拥之下，坐在由四人抬着的滑竿之上，一言不发，官气十足，前呼后应，威风非凡。

　　"官人"行进途中，侗寨民众会燃放鞭炮、吹芦笙、斟茶送水迎接，"官人"饮茶完毕，即赠红包礼金以表答谢；在通往鼓楼坪的途中，

抬着"官人"游寨

还要对付各种扮成衣衫褴褛的"乞饭者"的"拦路"和"抢劫","官人"都得赠礼品打发他们,并可与他们笑闹纠缠一番。

"官人"游行过程中,经常会遇到姑娘"拦路"。侗族姑娘们以嘹亮清爽的歌喉挡住"官人"去路,智取"官人"囊中之物。姑娘们每唱完一首歌,"官人"会根据所唱内容将钱一点一点地送出,这样可以考验姑娘们有多少歌及她们的应变能力,以增添整个活动的欢乐气氛。拦路结束放行后,有姑娘要挤进"轿子"与"官人"并坐,这是姑娘在向"官人""示爱","官人"就得多"施舍"些"钱财"给"轿夫"当辛苦费。这过程中也常常有姑娘抢"官人"鞋子,表示姑娘拿"心上人"的鞋子,"官人"也要拿"重金"赎回。"官人"的"随从"们来到歌坪后,则尽情耍闹,逗人取乐,那离奇古怪的扮相,滑稽可笑的动作,为喜剧气氛又增添不少闹剧色彩,往往博得在场千百观众的阵阵掌声与捧腹大笑。

● "抢花炮"彰显竞技精神 ●

　　"抢花炮"是侗族传统体育活动，在侗族民众心中，"花炮"可谓是神圣和吉祥的化身。

　　关于"抢花炮"的起源，有一个美丽的传说：

　　相传侗族先祖在坡上种地时，天上突然"轰隆"一声巨响，一个美丽的彩色圆环落在了老人的面前，老人便把它捡回寨子。这一年，当地风调雨顺、六畜兴旺、五谷丰登，而且有人高中皇榜。从这以后，每逢这个时节，老人就做一个五色彩环的吉祥物，用铁炮送上天空，让聚会的各族青年争抢，视为吉祥，久而久之便形成了今天的"抢花炮"，更成为当地侗族的一个节日。

　　侗族"抢花炮"有"东方橄榄球"的美称，是一项争抢十分激烈的民间体育运动，已列入全国民族体育运动项目。"抢花炮"不但要有强壮的体魄，还要有敏捷的思维和灵活多变的战术，靠超人的体力和智慧，冲击或巧妙地躲过众多对手的围追堵截，将抢得的花炮送入保护线内才算得胜。

　　正式比赛前，要举行声势浩大的入场游行仪式，几个年轻力壮的小伙子抬着披红挂绿、备有鸡鸭鱼肉等礼品的炮台、花篮等游行，起到宣传、展示作用。

　　参加"抢花炮"的队伍由各地自行组织，每队定员15人，于花炮节前向组织者报名，取得参赛资格。花炮节当

花炮

抬花篮

腾空争抢

天，各队到组织者所在主席台前领取标记，一次进入赛场。正式比赛开始后，由主持人挥动吉祥炮杆，点燃铁炮，将五彩圆环送上天空。

侗族花炮节一般燃放3炮，"金龙一炮"象征官运，"玉龙二炮"象征财运，"银龙三炮"象征红运。"抢花炮"就是抢吉祥，看花炮就是迎接吉祥的到来，因而抢得花炮的运动队，欢天喜地，欣喜万分，狂热地将抢得花炮的运动员抛向空中。回家时，三亲六戚，亲朋好友都燃着鞭炮前来祝贺，他们把陪礼的鸡鸭鱼肉等礼品分给全寨人吃，真可谓一人夺炮，全寨吉利。

"抢花炮"这一古老而传统的民族民间体育活动，不仅越来越受到人们的喜爱，而且受到了国家有关部门的高度重视。1990年北京亚运会期间，为了让各国来宾更多地了解我国民族体育活动，弘扬民族精神，亚运会组委会和国家民委举办了"中华民族传统体育展览"活动。从江县被指定选送一套花炮、花台、花篮进京参展。消息传开，从江各族群众奔走相告，备受鼓舞。县民族花炮协会迅速组织能工巧匠，加班加点赶制出一套花炮、花台等，花台上书写有"团结、友谊、进步"和"亚运为国增荣誉，我为亚运添光彩"等字样，整套花炮精美细致，民族特色浓厚，受到首都人民和各国友人的好评。"抢花炮"从此冲出山门，享誉海内外，逐步被人们熟悉、了解和喜爱。

抢花炮

行歌坐月结情谊

请开门，
请妹可怜过路人；
让我进屋来烤火，
莫堵我在外受雨淋。
　　——侗族情歌

"行歌坐月"也叫"行歌坐夜"，是侗族男女青年的集体社交和娱乐活动方式，流行于侗族南部方言区，有的地方称之为"走寨"（对小伙子而言）、"坐夜"（对姑娘而言），或叫做"坐歌堂"，习惯上合称"行歌坐月"或"行歌坐夜"。

行歌坐夜的地点一般在女子家中，有些寨子修建有固定房屋，侗家称为"月堂"。当夜幕降临，小伙子们便拿着自制的牛腿琴、琵琶等乐器，三五成群，走村串巷，到本寨或别的村寨去找姑娘。几个姑娘则聚集在某一家或"月堂"内边纺纱绣花，边等待小伙子们来访。当小伙们歌声飘进侗家木楼，姑娘们会不由自主地

侗族青年男女行歌坐月

鼓楼行歌

停下手中的活，悄悄走到窗户边，看看走寨的小伙子是否是自己的意中人。如果不是，她们会关闭窗户，重新忙起手中活计。如果姑娘有意，就会偷偷把门闩紧，并在屋内还歌。小伙子听到还歌后，便会弹着琵琶爬上木楼，然后唱起《求门歌》：

请开门，
请妹可怜过路人；

　　让我进屋来烤火，

　　莫堵我在外受雨淋。

姑娘接腔唱道：

　　什么人？

　　半夜三更喊开门；

　　半夜三更人睡静，

　　下楼开门没有灯。

小伙子唱道：

　　快开门，

　　莫要借故讲夜深；

　　刚才你家的门还敞着，

　　我们到来你们才吹灯！

姑娘再还歌：

　　你们为何不早来，

　　我家大门本敞开；

　　如今你来时已晚，

　　叫我开门懒穿鞋。

小伙再次请求：

　　好姑娘，

　　请你可怜单身郎；

　　别人得你成双对，

　　我只借你火炉烤衣裳。

姑娘终于答应：

　　巧嘴郎，

　　声声说要借火烤衣裳；

　　让你进来定要把歌唱，

　　不许哪个做那栗木桩。

　　就这样，姑娘和小伙子屋内屋外以歌你来我往，盘歌斗智，谁见识广、懂礼貌，谁就会受到青睐。

　　进入屋内之后双方均以礼相待，姑娘让座、寒暄，姑娘的父母及哥嫂会主动回避，大家围坐于火塘四周，或对唱情歌，或男的弹奏牛腿琴、琵琶，女子吟唱，如醉如痴，互诉衷肠，互表情意。如果腊汉（小伙子）唱不过腊蒇（姑娘），很难交往，会受到姑娘的冷落。

　　唱歌唱到夜深人静的时候，好客的侗家姑娘还要打油茶招待小伙子，而小伙子也拿出早已准备好的糖来煮糖粥宵夜。如果男女双方感情达到像糖粥那般甜蜜，就可以互换随身携带的诸如手镯、戒指、头巾、彩带、荷包等物品作为信物，今后继续来往，做一对恩爱情侣。这种男女社交活动，只要年纪相当，族外同辈份的均可。已结婚之女只要还未落夫家仍可参与"行歌坐月"，其丈夫也无权干预。但"腊汉"们知情后，语言上便会很谨慎，少与其搭腔，只偶尔以讥讽之语打趣而已。常住夫家后，这种社交就告结束了。男的却不受婚否约束，即便当起了几个孩子的父亲，年已三四十岁仍可涉足"月堂"，姑娘对此也不忌讳，侗族姑娘呼之为"韶客"（意为"人家的丈夫"），与其戏谑，对唱情歌，并不因其婚否而对其冷落。

行歌坐月

"玩山赶坳" 诉衷肠

"玩山"习俗是侗族青年男女交朋结友、谈情说爱、谈婚论嫁的主要形式之一。"玩山"即是青年男女在风光旖旎的山坳上谈情说爱，所以又称"玩山赶坳"。

侗族社会把谈恋爱称为"栽花"或"攀花"，把谈恋爱的地方称之为"花园"或"花山"。"花园"一般都是双方临时确定的，或在路边，或在桥头，或在林荫树下……久而久之，形成了一些固定的"花园"——歌场，在此基础上形成了"歌节"，侗族社会约定俗成的"歌节"有正月初一、二月二、三月三、四月八、六月六、七月二十、八月十五、九月九等。

清水江畔的"四十八寨歌节"是侗族地区具有代表性的歌节，时至今日依然如此，每年都有来自贵州、湖南、广西三省区数万群众参加，目前已入选国家级非物质文化遗产名录。"四十八寨歌节"是以贵州天柱县为主的侗族、苗族人民群众集会玩山、唱歌、交友、恋爱的民族节日。主要分布在天柱县竹林、坌处、远口、社学，锦屏县的三江、茅坪，湖南靖州县的大堡子和三秋乡的大部分村寨。"四十八寨歌节"历史悠久，是黔湘边区人民群众业余文化生活的缩影，鼎盛时期曾达到几万人齐聚共唱的盛况，对传承和发展苗、侗民族文化起到了重要作用。

近年来，侗乡歌节文化形成了"政府组织引导，群众参与"的新局面，各地民间歌会得到较大发展。

诉情

山间盛会

瑶白摆古话历史

瑶白侗寨位于贵州省锦屏县彦洞乡，每年农历正月初八至初十，瑶白都要举办隆重的摆古节，期间举行祭祀祖先、念垒讲款、吹笙唱戏、踩堂唱歌、斗牛等系列活动。

摆古节，顾名思义，主要就是通过歌谣念词等形式追溯历史。因此，侃古讲款等成为摆古节的主要内容，从盘古开天辟地、姜良姜妹再殖人烟等自然、人类起源开始，再到民族迁徙、历朝更替都包含其中。一般来说，当地群众更关心本地发生的重大历史事件、各自姓氏来历、婚嫁习俗的沿袭改革等，因此这一部分与当地密切关联的内容最受欢迎，歌师将这些历史通过歌词说唱出来，用当地的说法，也就是"摆"出来、"侃"出来。

摆古场所一般设在斗牛坪中，在正式"摆古"之前，要举行一些仪式：一位象征着最先入住瑶白的先民的老农，身穿蓑衣、头戴斗笠、肩扛锄头进入斗牛坪，在发现这块土地之后，先后在东南西北中五个方位取土，为能在这一块丰饶的土地生活感到无比满足，于是焚香化纸、祷告天地，率族人定居于此，这再现了瑶白先民落寨于此的情景。落寨之后，另一老农扶着犁耙、牵着披红的水牛入场绕斗牛坪三圈，展现瑶白的生产方式以农耕为主。这些仪式本身就是对瑶白历史的追溯，

瑶白摆古节开幕式

算是瑶白摆古节的开幕式。

　　随后，只听歌声嘹亮、铁炮（火铳）声声、大号长鸣、鼓锣喧天，各姓氏代表队按落寨瑶白的时间顺序先后出场。首先是龙氏家族的旗手扛着一面象征家族的绣有二龙抢宝图案的大旗步入摆古场，滚、杨、范、龚、耿、宋、万、胡、鼓等姓氏的旗手随后扛着代表各自姓氏族旗浩浩荡荡进入摆古场。在旗手身后，是身着长袍马褂的寨老、身穿对襟衣的汉子、戴着银饰身着盛装的妇女们，他们分别是芦笙队、歌队成员。人们吹奏芦笙、芒筒、长号、牛角，敲锣打鼓，挑着五谷、酒坛、鸡鸭、肉食，扛着纺纱织布机、耕作农具，捧着侗果、糖果、水果等等，欢歌踩堂，展示硕果，尽显丰收喜悦。

　　如重要节日一般，在举行了隆重的开幕式及入场仪式之后，瑶白人开始在摆古场上布置长桌宴，正式"摆古"：长桌上摆满代表瑶白人深情厚谊的酒菜、糖糕、水果、碗筷与牛角，一面高坐寨老、歌师，一面是远方来客。只待时辰一到，摆古歌师如古时教书先生一般，手持长须、摇头晃脑、眼睑微启微闭，声如洪钟以白话开场，交代摆古节的缘由。接着以侗族古歌作为过渡。摆古开始，摆古的表现形式就是说唱艺术，摆古的说唱者分为主人和客人。在主方的古师摆完一个内容后，主方的众人就唱歌。遇到盘问或夸奖与谦虚的内容时，客方的古师就要接过主方古师的话题来摆，一个内容结束后，客方的众人也要唱歌。整个摆古就是这样循环反复。

瑶白摆古节

最值得关注的便是讲述瑶白自身历史：

> 瑶白龙姓开村起，因为这团地如金。
> 滚姓杨姓都来住，还有几姓后头跟。
> 十姓共姓都是滚，喊父称史一样亲。
> 没有亲戚全是主，村上村下一屋人。
> 远乡结亲不放心，商量破姓重开亲。
> 龙杨范龚恢复姓，以水为界可结亲。
> 彦洞乡来瑶白村，女还娘头包办婚。
> 同立块碑昭村寨，陈风陋俗方改成。

这首歌可以说是瑶白的村史歌，从先祖落寨瑶白唱到主要姓氏龙、滚、杨、范、龚、耿、宋、万、胡、鼓十姓的来历等变迁史，强调了团结一家亲的朴实思想，其中"破姓开亲"、"还娘头"等关于侗族婚俗的唱词讲述了侗族婚姻习俗演变轨迹。

侗族社会婚姻习俗旧时有"还娘头"的风俗，即"姑舅表婚"，舅舅家儿子有娶姑妈家女儿的优先权，如果姑妈家女儿要外嫁他人，舅舅会索取重礼的陈规陋习，这一陋习使得侗族社会"玩山赶坳"、"行歌坐夜"的传统婚恋习俗受到挑战，不少有情男女难成眷属。为了改变这一陈规陋习，让侗族青年男女自由恋爱、婚姻自主，瑶白、彦洞两寨头人和贤达识士于清朝末年即共议规约，并经呈报黎平府同意，刻石铭碑，规范各寨婚俗。

瑶白摆古节除了"摆古"之外，还有一个重头戏，那就是唱大戏。瑶白大戏主要是汉戏，如孟姜女、白蛇传、梁祝化蝶、三国演义等，也有把这些汉戏题材改编成侗戏来演的。瑶白大戏有着漫长的形成和发展史，具有丰厚的侗、苗、汉等民族多元文化积淀，融歌、舞、戏、说唱、祭祀等民间技艺及礼仪为一体，再加上有汉文化的熏陶，成为一种亦侗亦汉亦苗的多元文化现象。

摆古节上

● 小广的"集体婚" ●

接亲

　　小广是贵州省剑河县的一个侗寨。每年农历十月第一个卯日，小广侗寨会为青年男女举行集体婚礼。每逢那天，全寨少则十几对，多则几十对新人同时成婚，把全寨以及附近村寨成百上千的男女老少全数卷进欢欣喜庆的节日气氛之中。

　　这一古老习俗由来已久，相传在很早以前，小广侗寨寨内不通婚，不管是否同宗，同寨的男女都被禁止结亲，亲戚大都结在几十里甚至上百里以外，走亲访友极不方便，途中要经过不少河流和深山老林，常常因为溪水猛涨等因素受阻，且毒蛇猛兽经常出现并袭击路人，造成死伤……面对这些问题，小广侗寨有两个德高望重的寨老，一个叫告恋包，一个叫海恋岁，他俩召集寨民杀猪宰牛议约，"只要不是近亲，上屋下坎、寨内的适龄男女都可以通婚"，并砍牛立誓，解决了同寨不通婚的难题。从那以后，本寨人只要不是同姓同宗，哪怕两家人只隔一条沟，"上寨的能够为妻，下寨的能够为婿"。因为小广寨子大，青年男女太多，一年到头几乎天天有人结亲嫁女，影响了农业生产，于是决定全寨的青年在农历十月头卯这一天举行婚礼，随后每年的农历十月头卯这一天便成为该村结亲嫁女的黄道吉日，形成了"十月头卯迎新娘"集体婚礼并世代延传。

　　小广婚俗中有一个独特的传统，那便是吃"筛子饭"。姑娘出嫁当天，男方家迎亲队伍到达女方家后，由街坊邻居负责接待和安排来接亲的"关亲郎"，而出嫁的姑娘则准备一些酒席，在女伴们的陪同下，到一个僻静的地方招待好原先的"老久伴"。"老久伴"是姑娘在订婚前就通过对歌等形式结识的男子，因为家长不满意或其他因素不能成为夫妻，女方要出嫁了，男方备办一些礼物表示祝福。为了避讳，加上没有得到女方父母的约请，男子会约上几个男伴自觉在一个僻静的地方等待见女子最后一面。女方在告知父母的前提下，将一些酒菜和糯米饭装在筛子里送来，与男子共同就餐，所以叫吃"筛子饭"。男女双方还会唱一些祝愿的歌，追忆昔日的情意，有时候唱得难分难舍，陪伴的女伴或男伴就要唱歌劝慰。这一传统逐渐形成了一种风俗，充分体现了侗族社会尊重青年男女恋爱的自由。如果哪家姑娘出嫁之时没有男伴前来吃"筛子饭"，父母甚至会感到脸上无光。

　　此外，小广侗族同胞结婚当天，新郎新娘要尽量避免第一时间见面。当地民众认为，如果新娘进屋第一时间见到新郎或者新郎家人，叫做撞"热脸"，今后一起生活容易引起家庭不和，因此极力回避，甚至有新娘进屋举行仪式后立即回到娘家，即不落夫家的传统，充分展示了侗族社会的淳朴思想。

送亲

LIANGYUJIN

"亮"与"锦"
的辉映

DEHUIYING

● 家家都有织布机 ●

侗族的传统纺织工艺是侗族传统文化中的璀璨明珠，一套套精美的侗族服饰，凝结着勤劳的侗族人民的无穷智慧。

在侗族南部方言区，青年男女行歌坐夜时，往往是男子弹琵琶，女子纺纱织布。纺织技术在侗族地区普及面很广泛，侗族同胞大多穿着自纺、自织、自染的家机布。"家机布"是相对于市场上买来的机织布而言的，侗乡家机布粗厚结实，用作衣物经久耐穿，便于山间劳作。

侗寨的姑娘们自懂事起，便会主动向长辈学习纺纱、织布、绩麻的基本技能，为侗乡随处可见的纺纱织布场景奠定了广泛的基础。

侗族手织布的织造工艺极为复杂，从采棉纺线到上机织布要经过轧花、弹花、纺线、打线、浆染、沌线、落线、经线、刷线、作综、闯杼、掏综、吊机子、拴布、织布、了机等大小 72 道工序，全部采用纯手工工艺。

侗布用棉花纺成线后用织布机手工织成布，侗族织的布有粗纱、细纱之分。从布纹上看，侗布可分为平纹侗布、小斗纹侗布、大斗纹侗布、织锦侗布等。织成套格方形图案的叫"双堂布"。织成网纹的布叫"棉给"。织出的棉布，经过侗族人自制的特殊染液反复浸染、蒸晒、捶打而成独具特色的侗布。

侗族妇女能通过蓝、白、黑、红等基本色线，可以织出几十种绚丽多彩的图案，堪称千变万化、巧夺天工。如今，随着"崇尚绿色、回归自然"的理念得到提倡，侗族土织布已经广泛用于床上用品、服装、窗帘、壁挂、台布、坐垫等。这些土产品以精湛的手织工艺、健康的天然品质、浓郁的乡土气息、鲜明的民族图案，备受人们的青睐，侗族传统纺织工艺也得到进一步发扬光大。

传技

织布

● 蓝靛染"亮布" ●

棉纱不织成布，怎样也做不成衣裳。
用树叶染衣服，哪有蓝靛那样发亮。
　　　　　　　　——侗族民歌

但凡到过侗乡或者见过侗族服饰的人，都会知道侗族亮布，之所以称之为亮布，是因为侗装布面呈现光泽，工艺卓异。侗族民众对于衣着的需求，大多保持自己织布、染色、制衣等传统，侗族社会在传承亮布制作工艺是一个自觉的过程。

侗乡山间气候温和，非常适宜蓼蓝、菘蓝等植物生长，这些植物是提取蓝靛的绝好原料，当地民众统称为蓝草。其他色彩则由茜草、茶枝提取红色染料；由艾草提取黄色染料；从金刚藤的块根提取黑色染料等等。蓝靛是侗族亮布的主要原料，因而蓝靛染成为侗族妇女的看家本领。用蓝靛染成的亮布做成的衣服，呈现色彩素雅、久不褪色等特色。

侗族蓝靛染亮布的制作工序比较复杂，主要分为提取蓝靛、靛染、洗布、晾晒、浆色等，而且要反复多次浸染、晾晒，直到布面产生光泽，入水不褪色后才算真正完成。

纺纱

印染侗布

侗族蓝靛染亮布历史悠久，成书于清末的《黎平府志》对于提取蓝靛的方法有详细记载："蓝靛名染草，黎郡有两种，大叶者如芥，细叶者如槐，九十月间割叶如靛池，水浸三日，蓝色尽出，投以石灰，则满池颜色皆入灰内，以带紫色者为上。"时至今日，侗族妇女仍然沿袭这一提取方法，他们从山上采摘蓝草枝叶并清洗后，放在木制染桶中，加入清水浸泡，并用石头等重物压住蓝草，以保证完全被水淹没，直到这些枝叶腐烂、所含蓝色汁液浸入水中之后，再将腐烂枝叶捞出滤干，使得蓝草所含色素完全留在木桶水中。在将色素从蓝草中分离

亮布便装

出来之后，将石灰倒入蓝靛桶中，目的在于将含有蓝靛的水再次分离，使蓝靛浸入石灰后沉淀，舀出清水，蓝靛与石灰结合成为膏状物质，即成靛蓝。

提取靛蓝之后，便进入靛染工序。将需要染色的白布洗净，扭成半干状态后折叠起来，以便于放入桶中浸染，这一过程往往要重复三五次，使得整块布完全吸入靛蓝水，直到整块布呈现为浅蓝色后，拿到溪河中漂洗，将布上沾有靛蓝的杂质清洗干净，之后捶干晾晒，此时算是完成靛染工艺的一个环节，因为仅仅通过一次染色，布匹色泽还比较淡，因此靛染过程需要重复染、洗、捶、晒十余次，而且这也仅仅是一块普通侗布而已。

亮布在普通侗布基础上还需要经过继续套染、刷牛胶水、涂抹蛋清等多道工序。侗族服饰丰富多彩，亮布是主要原料。将普通侗布放入由茜草、茶树枝等植物提取的红色汁液中浸染、捶打，使得红色素渗入蓝布之中，晒干之后呈现绛红色为最佳，之后刷上用黄牛皮熬制的牛胶水，同样经过捶打，使牛胶水渗入每一根纱线之中，此时的布面呈现光滑且发亮的视觉效果。为了增加布面的光泽度，还需要在刷了牛胶水的布匹上均匀地涂上蛋清，并经过熏蒸、漂洗、捶打、晾晒等多次重复循环，亮布才算真正制作完成。

侗族亮布通过对天然植物中提取色素进行浸染，不仅美观、耐用、环保，而且体现了侗族民众亲近山水的心理，是人与自然和谐共生的典型。

纱线

● 银饰装点生活 ●

    侗族银饰是侗族妇女的主要装饰物之一，每逢盛大节日，侗族妇女头戴银花冠、银簪子、银簪花、银梳、银钗，颈挂银项圈、银项链，手戴银镯、银钏、银戒指，耳吊银耳环，以多为美。一身银饰的侗族姑娘走起路来叮当作响。银饰除了展示侗族妇女的美丽端庄之外，也显示着家族的兴旺发达与富足。

少女银饰

    侗族银饰种类繁多，五彩缤纷。大体上可分为头饰、项圈、项链、扣链、手镯、戒指、金银锁、儿童银饰等等。

    头饰主要包括凤冠、头簪、银梳、耳环等。

    凤冠有的地方称银花冠，是侗族姑娘出嫁时或参加喜庆活动、民族歌会以及观看芦笙表演等场合戴于头上的装饰品。

    凤冠的重量一般在一斤半至两斤，高约一尺三寸。凤冠之上的装

侗族女盛装与银饰

侗家少女服饰与银饰

饰物有花鸟、鱼纹及一些吊坠等，各种银花互相衬托，交相辉映，显得千姿百态、栩栩如生，格外秀美。

侗族头簪为一不同形状的条形体，分为头部、身部和尾部三段。头部呈四角宝塔状，身部为棱柱体，尾部为棱锥形，头部与尾部顶端互相连接为簪。

银梳是插在发髻上的银制梳子，形状如同木梳，既用以梳理头发，又做装饰品，侗族妇女普遍使用。侗族女子对头发特别珍惜，每天早上起床，第一件事就是梳理头发，把辫子打理得整整齐齐，绾于脑后，然后插上头簪、银梳，方才出门下地，显得干净利索，充满活力。银梳子有的以纯银制作，有的银木兼用制作。银木梳子是用薄银片包扎木梳子，银片上有精细的图案花纹。

耳环是侗家妇女吊于耳朵上的银饰品，其品种繁多，有细圈耳环、联吊耳环、翡翠耳环、滚耳环、棱角耳环、梅花耳环、六棱形耳环、银链苞耳环、吊苞耳环等等。侗家女子酷爱耳环，往往从三四岁起就开始扎耳环眼孔，到五六岁时就开始戴细圈耳环，到姑娘时期又加戴一两来重的联吊耳环，到三十岁后，才改戴滚耳环或翡翠耳环。

项圈是侗家妇女挂在颈项上的银制品。通常见到的项圈品种有三环项圈、戒环项圈、六棱环项圈、棱形环项圈、绳绞形环项圈、藤形项圈、细环项圈、银锁项圈、旋转棱形项圈等。项圈是侗族银饰的重要组成部分，也是每位侗族姑娘的必备品。

侗妹

　　银链又叫银扣链。银链以精细秀美为宗旨，以玲珑细腻为品质，恰到好处地配合了女性形体美的需要，巧妙地连贯于女性服装前襟沿口，有效地填补了银头饰与银手饰之间所存在的空白点，加强了侗族银饰的连接性、整体性，从而使之更显完美无缺。银链主要用于女性服装大襟沿口、下摆及胸兜等方面的装饰，以其形状来分，有黄鳝链、鱼脊链、蜘蛛链、梅花链等。从用途来分主要有围裙链、胸兜链、衣扣链等，既实用又美观。

　　手镯是侗家妇女戴在手腕上的一种常见的装饰品，又是侗家姑娘作为把凭与心上人交换的信物。手镯常见的品种有六棱手镯、双槽手镯、梅花手镯、银泡手镯、细环手镯、片块手镯等。

　　银饰是侗族盛装的一个重要组成部分，反映侗族民族文化的进步和发展。银饰加工艺术是侗族人民祖辈流传下来的民族工艺技术，从事加工工艺的人，当地称之为银匠。侗族银饰的加工，要经过吹烧、锻打、镶嵌、擦洗和抛光等五道工序，全是由家庭作坊内的男工匠手工操作完成。

　　侗族银匠善于从妇女的刺绣及蜡染纹样中汲取创作灵感，其式样和纹路往往能结合本民族的传统习惯、审美情趣而设计，对细节或局部的刻画注重推陈出新。

● 刺绣如画卷 ●

绣品

侗女刺绣裙

侗族刺绣，古朴自然，颜色艳丽。其刺绣纹样不仅色彩斑斓，搭配巧妙，对比强烈，而且民族乡土生活气息浓厚，讲究实用，堪称中国民族传统刺绣品中的精品。

朴实勤劳心灵手巧的侗家妇女，通过对色彩的巧妙运用，把自己热爱生活与崇尚自然的理念，巧妙地融汇在一件件刺绣品上。在贵州省黎平县、榕江县、从江县、锦屏县等地，侗族妇女大多擅长并掌握刺绣工艺，刺绣作品中巧夺天工的色彩搭配，形成鲜明强烈的对比，刺绣品主题明了，内容丰富多变，艳而不俗，其精湛的工艺水平更是令人敬赞。

侗族刺绣是观赏与实用并举的工艺形式，绣品不仅图案精美，具有极高的装饰价值，其反复绣缀的工艺还能增加衣物的耐用度。侗族刺绣是农耕文化的产物。侗族的刺绣品上，还有些独特的起点缀作用的附属物。这些附属物大多为圆形，也有方形和三角形的。绣在图案上，可以填充空间，组成线条，还可利用它的色泽增加服饰的光彩。当姑娘们在节日里穿戴上这些服饰翩翩起舞时，人们很远就可看到衣服上的熠熠光彩。

侗族刺绣风格自然、朴素、大方，侗绣中的精品当属北部侗族地区的盘轴滚边绣，该绣种仅在锦屏县的平秋、石引、黄门等北部侗族群体中流传。盘轴滚边绣是纯手工制作，要经过作模、打面浆、粘布、拟模、贴面、镶边和绣花等数十道工序，制作一件完整的盘轴滚边绣精品往往要花一年的时间。

锦屏县平秋镇平秋村陈显月是国家级非物质文化遗产侗族刺绣工艺传承人，她自幼向母亲及寨子上刺绣能手学习刺绣工艺，同时学做侗家背带、绣花鞋、宝宝银帽等。出嫁后，陈显月也没有放下手中的绣花针，并开始学习侗家土布的制作技艺。自 2006 年"多彩贵州旅游商品设计大赛"和"多彩贵州旅游商品能工巧匠选拔大赛"举办以来，陈显月的刺绣作品多次荣获"名匠"、"名创"称号，2010 年 10 月，她被评为贵州省省级非物质文化遗产项目代表性传承人。

● 侗锦似彩虹 ●

侗锦是侗族同胞在长期的社会生活中传承下来的兼具实用价值与欣赏价值的民间工艺品。

侗锦以其独特的编织工艺、富有民族特色的图案、丰富深刻的文化内涵、亮丽和谐的色彩、高雅凝重的品质和鲜明的民族风格，成为我国著名的织锦之一。侗族妇女以织锦为载体，展示着她们的聪明才智和精湛的编织技巧，承载和演绎着本民族源远流长、积淀深厚、内涵丰富、特色鲜明的传统文化，反映了侗族人民的观念意识、图腾崇拜、宗教信仰、审美情趣以及避凶趋吉、消灾纳福和追求人与自然和谐共存的文化心理。

侗锦做工精细，往往采用对比强烈的色泽，配上绚丽多姿的各种图案，具有浓艳粗犷的艺术风格。侗锦的花纹主要有花木形，如芙蓉、牡丹、月季、玫瑰等；有鸟兽形，如对凤、鸳鸯、麻雀、春燕、牛羊等；有物器形，如花桥、鼓楼、月亮、星星、水波、银钩等；还有几何图案，色彩绚丽，图案大方，结构十分精密严谨。

锦带

侗锦

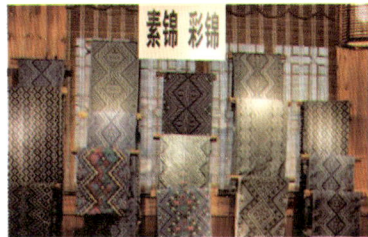

素锦、彩锦

传统的侗锦有"素锦"和"彩锦"之分。用黑白棉线织成的称为"素锦"。用黑白线和彩线交织成花工艺编织的称为"彩锦"。根据用途的不同，又可分为日用锦、寿锦、法锦等。其中，日用锦又分为12种类型，被面、垫毯、衣服料布、头帕、背带、盖布、绑腿等。寿锦专门用于老人死后垫棺。法锦则专门用于祭祀时作为挂单和祭师披挂的法毯等。

在侗乡，有许许多多的织锦能工巧匠。侗族人家生有女儿，其母亲教给女儿的第一门手艺就是织锦，女孩子一般从十几岁就开始学织锦，出嫁时父母或兄弟会送给她一套木制土布机作为嫁妆，让她到夫家给全家人织锦，当了母亲后，她又把织锦技艺传给下一代。侗锦制作工艺正是这样代代相传，延续至今。

过去，侗锦主要用于衣裙、被面、门帘、背包、胸巾、枕头、头帕、绑腿、侗带等织物的镶边或整面之用。侗族青年男女谈情说爱，女方用侗锦作为信物赠给男方，以表爱慕之情。如今，侗锦这种古老的侗族民间工艺品也有了新的用场。心灵手巧的侗族妇女们，把侗锦织成式样新颖的背包、壁挂、被面等，成了市场上的抢手货，为侗乡经济建设注入了新的活力。

PIAOXIANGYICAI
飘香溢彩
的传统美食
DECHUANTONGMEISHI

● 糯米饭：侗家永远的主食 ●

侗乡人爱种糯稻，也爱吃糯米。侗族地区的糯米很多，有红糯、黑糯、白糯、长须糯、秃壳糯、旱地糯和香米糯等七八种，其中香米糯有糯米王之称，有"一家蒸饭，全寨飘香"之美誉。

朴实的侗族同胞认为糯米管饱，其他的米一顿要吃半斤，可吃糯米二三两就够了。吃了糯米，干活才有力气。再有就是糯米饭相对大米饭而言，不容易变馊，当人们上山劳作由于山路难走不便回家吃午饭时，他们会将午餐带到山上去吃，糯米饭团就成了他们最好的选择。传统习俗中，侗族吃糯米饭是不用筷子的，而是直接用手将饭捏成团食用。侗族民众认为，吃自己种的糯稻不必用碗装，可以直接拿手抓了吃。

侗族民众喜欢吃糯米饭，而且有多种吃法，其中最有代表性的就

是乌米饭、花米饭等。

　　每逢农历四月初八，侗家人总会蒸上一笼香喷喷的乌米饭。乌米饭也称黑米饭，关于这一节日，侗族人民还有一段美丽的传说。这一传说来自侗族杨姓人家。相传侗族一杨姓姑娘的哥哥被朝廷陷害关押，为了让自己的哥哥在监狱里能吃到饭，这位姑娘便做了乌米饭送往狱中，这才保住了哥哥的性命。为了纪念这位姑娘，侗族人民便开始在四月初八这天煮食乌米饭。有的侗族地区也管这一节日叫姑娘节，每年这一天，出嫁了的姑娘，必须要回到娘家来，与自己家的亲姊妹和姑嫂们欢度佳节。

　　乌米饭的制作方法是将采集到的新鲜长蕊杜鹃及赤楠嫩叶，洗干净，揉碎过滤出叶汁，再将筛选好的糯米洗干净，将糯米完全浸泡于叶汁中，存放一整夜，第二天蒸熟便可食用。蒸熟的糯米饭是黑色的，颜色很好看，吃的时候是视觉和味觉的双重享受。

　　花米饭也是将山上采摘到的树叶、花等捶烂榨汁后与糯米一起浸泡，使糯米变成黄、红等色，再蒸熟而食用。

　　此外，侗族民众还通过多种方式变换糯米食用方法，如用糯米打粑粑、煮油茶、制作侗果等。

　　侗族制作糍粑的工序是将糯米筛选好之后洗净，用清水浸泡一整晚，第二天用木甑蒸熟，蒸熟之后趁热放入粑槽内，再用大木槌进行击打，一般打到所有的糯米饭呈泥状即可。之后再将其挤捏成小团，压扁即可。食用时可以用汤煮着吃，用油煎着吃，在火上烤熟了吃，不同的食用方法有着不同的味道。

侗族糯米饭

侗族腌鱼

● 瘪：一道爽透心的菜 ●

杀羊先要瘪，
无瘪味逊色。
——侗家俗语

　　每个民族都有属于本民族的传统美食，侗族香羊瘪肉便是享誉侗乡的美味佳肴。侗族聚居区属云贵高原东部边缘的丘陵地带。境内山峦重叠，河沟纵横，水源充足，土地肥沃，民族药源极为丰富。路旁山间、田间地头所长的草大部分都是草药，几乎所有农户都习惯放养牛羊上山吃草。所以在侗乡流传有"牛羊漫山遍野跑，尝尽山间百样草，胃内溶物是个宝"的说法，因此，羊瘪汤有"百草汤"的美誉。

　　羊瘪汤味道微苦，略带甘甜，鲜香扑鼻，由于味道独特，吃起来使人胃口大开，增进食欲。据说有以下疗效：一是治胃病，二是能美容，三是益内脏。

● 羊瘪火锅

　　侗家香羊肉瘪火锅的主要原料来自当地放养的香羊。侗乡遍地都是大山，侗族同胞饲养山羊都是通过放养形式，将羊赶到山上，任由羊群食用山间草木，其中包含很多中草药，因此侗乡出产的山羊，肉质细嫩，烹调后没有膻味，味道鲜美，所以被人们称为"侗家香羊"。

● 炒羊瘪

　　将香羊宰杀后，从它的整段小肠里取出正在消化或已经消化的食物，经煮开过滤后所得的绿色液体便是"羊瘪"，一般一只羊仅仅可以获取"羊瘪"一公斤左右。

　　香羊肉瘪火锅即是先把鲜羊肉和羊杂放进铁锅里爆炒，再倒入羊瘪拌匀，并把垂油子、花椒、山奈、橘皮、大蒜、生姜、川芎、马尾、芫荽、四季葱、朝天椒、味精、米酒、食盐等调料，一起放入锅中烹制而成。这种火锅吃起来不仅味美香浓、微苦回甜、别具风味，而且具有补胃、健胃、下火退热、清肝明目之功效。尤其是在冬、春两季，吃香羊肉瘪火锅对身体更有滋补之功。长期以来，香羊肉瘪火锅一直是侗家人用来招待宾客的一道美味佳肴。"杀羊先要瘪，无瘪味逊色"已成了人们的一句顺口溜。

侗家香羊肉瘪火锅，不仅受到当地各族兄弟喜爱，而且也受到中外游客的青睐，侗家人纷纷进城开设"侗家香羊肉瘪火锅"餐馆，慕名而来观光的中外游客，大多要去吃侗家香羊肉瘪火锅，餐馆生意兴隆，吃客总是有增无减。

羊瘪除了火锅之外还有三种吃法：一是半生半熟羊瘪肉。即把羊肚、心、肾切成细丝，配好各种作料，入油锅中略炒片刻，淋上羊瘪后拌匀，立马舀出食用，十分脆嫩。二是熟拌羊瘪肉，就是把羊瘪倒入适量的油锅中，再把煮熟的羊肉放进与瘪汤一起炒，拌匀，放进各种作料，就可舀来食用。三是牛肉配羊瘪和猪肉配羊瘪。一般将牛肉或猪肉的瘦肉切成丝炒熟后，配好各种作料，倒进适量的羊瘪拌匀而吃。

除了"羊瘪"之外，侗乡美食中还有"牛瘪"，吃法与"香羊瘪"基本相似，只不过"瘪"的质量有所不同，即水牛瘪不及黄牛瘪，黄牛瘪又不及香羊瘪。

有的地方还保持着吃生牛、羊瘪的习惯，逢年过节，生牛、羊瘪必不可少。制作方法为：香料、作料基本同上，花椒、辣椒稍重些。"瘪"汤取原汁不用烹治，牛、羊肉也是生的肉片，拌好就吃。味道略带苦凉，先苦后甜，别有一番风味。但是取生的牛（羊）肉要鲜嫩，其中"四两肉"、岗领肉、百叶肚为上品。

侗家瘪宴

存在桶里的千年美食——腌鱼腌肉

腌鱼是侗族同胞的传统美食。

侗族人家制作腌鱼从明代便开始流行了。相传侗族人的祖先以狩猎为主。猎物时有时无，时多时少，多时吃不完少时又挨饿。于是，有一位极富智慧的先民想了一个办法，将吃不完的猎物切成小块与吃剩的米饭和辣子面等放入木桶里，再用树叶附在上面用石头等较重的东西压紧。等他上山打猎一个月后回来，将存在木桶里的食物取出来看发现那些食物不但不腐不臭，吃起来味道还鲜美可口。从此大家效仿，并不断地改进它的制作方法，直到现在制作腌鱼成了侗族人家的绝活。

侗家腌鱼可谓酸、辣、香、甜俱全，不仅冷热都可以食，而且吃起来非常可口，既是侗家人的家常食品，也是招待宾客的主菜。

侗族人家几乎家家都有腌制和储藏腌鱼的习惯。侗家腌鱼的历史悠久，制作方法独特，堪称一绝。

制腌鱼的最佳时期为农历十至十一月间。先将田鱼捉来放入清水里，加入揉烂的苦蒿，将鱼的鳃及肠内的杂物清除干净，再将鱼剖腹取尽内脏，然后用食盐浸渍 3~4 天，待盐全部溶解即可腌制。根据腌鱼数量的多少，用一定数量的糯米饭和辣椒面，倒入适量米酒与适量生姜、大蒜、花椒面和经过滤的土硝

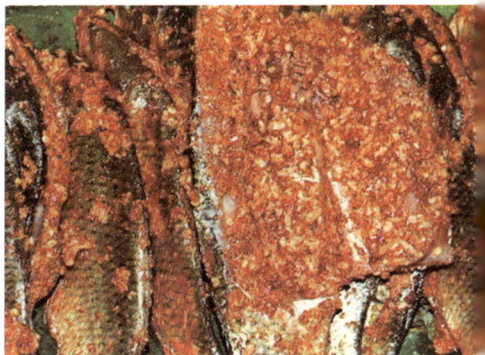

侗族腌鱼

或炉灰水，一起同渍鱼分解出来的盐水混拌匀，叫做制糟，加鱼共同腌制后，称为腌鱼糟。腌制时，先用糟垫桶底并压紧，然后将糟纳入鱼腹及抹涂在鱼表面，装入腌桶。装完一层便用糟覆盖，扒平压紧，再装一层。按此法炮制，装至离桶口 10 厘米左右为宜；盖上水芋叶、粽叶或笋壳均可，再搭上草帘，最后用 10 千克左右清洗好的石头压上。两天后，再用适量凉开水注入桶口作"盘坛水"，一个月以后即可开桶食用。这样的腌鱼存放的时间越久，味道就越好。腌肉制作方法同上，只是用的是猪肉，最好的是五花肉，从江香猪肉最佳。

腌鱼、腌肉的存放工具是木制腌桶，常用的旧腌桶必须清洗干净。为防止新腌桶的木腥气，则要用禾秆草灰拌水洗刷，再用韭菜擦拭。腌桶的制作非常讲究，做工非常精细，腌桶的主材料是杉木，最好用外层腐朽后剩余的杉树芯或老杉树的枝条。腌桶做成后，还有一个非常关键的环节，那就是腌制鱼肉之前，一定要用一种辣树叶煎水，浸泡木桶，起到消毒和除去木腥味的作用。

醇香肉脆、味酸回甜的侗家腌鱼，是侗族最具特色的风味食品，吃法也有多种多样，可以生吃，亦可烘烤油炸，不同吃法就有不同感受。侗族谚语说："一手捏糯团，一手拿腌鱼。"认为这是饮食的最佳境界。

腌鱼代表着侗族人民热情好客的品性，同时也是家境富裕的一种象征。在侗寨，如果谁家做腌鱼连鲤鱼都没有，就会被视为不勤劳而受到嘲笑。过去由于产量少，不到逢年过节、贵客登门或置办酒席，腌鱼不是轻易品尝得到的。如今，生态渔业工程的推广，稻、鱼产量都大为提高，侗族人民做腌鱼有了更丰富的资源。

侗家腌肉

● 油茶：飘香的特色美食 ●

　　吃油茶是侗族生活中不可缺少的习俗。油茶不分早晚随时都可以制作，一般每天吃两次。油茶待客是侗族的一项重要礼俗，每当有客人到来，主人常常以打油茶相敬。

　　打油茶一般经过四道程序。

　　首先是选茶。侗乡的姑娘少女每逢清明前后就开始上山采摘茶叶，并将之烘炒，烘炒之后的茶叶主要是备着打油茶之用。当然，也有用从茶树上采下的幼嫩新梢直接制作油茶的，这可根据各人口味而定。侗家所采的茶，有栽培的家茶，也有坡上自生的野茶，品种繁多。如粗茶、细茶、大叶红果茶、节骨茶、刺茶、苦茶、甜茶、八担紫叶茶等等。采摘来的茶叶，先用滚水略烫一下，使其柔软，然后把它塞入蒸糯米用的木甑内，用手压紧，约一寸厚时就隔着一层丝瓜布，再继续塞入。茶叶经过蒸煮，自然黏合。取出晒干或晾干，像盘子一样的茶饼，就成了侗家常年储备的"油茶"作料了。

　　其次是配料。打油茶用料通常有花生米、苞谷花、黄豆、芝麻、糯粑、笋干等。

　　第三是煮茶。煮油茶是由家中主妇操作。四角火灶上，架着一口

油茶

香喷喷的油茶

铁锅，放入食油，待锅里的食油滚烫，将晒干的糯米饭粒（有的地方叫阴米）放入锅内，立即膨胀如金珠。米花炸好，又炸黄豆或花生，然后往锅内放入一把籼米，炸焦时，从茶饼上撕下茶叶一起炒拌，片刻，闻到香味，立即冲入冷水。等锅中水滚开一阵，再用竹篾漏勺过滤，香浓的油茶即成。

一般当主妇快要把油茶打好时，主人就会招待客人围桌入座。由于喝油茶时，碗内加有许多食物，因此，还得用筷子相助，所以，说是"喝"油茶，其实是"吃"油茶。

最有趣的是"吃油茶"一词，还是侗族未婚男青年向姑娘求婚的代名词。倘有媒人进得姑娘家门，说是"某某家让我来你家向姑娘讨碗油茶吃"。一旦女方父母同意，男女青年婚事就算定了。所以，"吃油茶"一词，并非是单纯的喝茶之意。

在侗族地区无论你到哪家，主人请你喝油茶，你不必太客气，太客气了主人会认为遭受嫌弃。第一碗首先是递给在座的长者或贵宾。喝油茶时，主人只给你一根筷子，如果你不想再喝时，就将这根筷子架到碗上，主人一看就知道，不会再斟下一碗，否则主人就会陪你一直喝下去。侗族油茶一般是由淡到浓喝三碗，因此又有侗族"三道茶"之称。客人吃完后，将空碗递还主人，主人依次摆在桌上。吃油茶的人即使有十个八个，主人绝对不会把茶碗递错，因为主人在桌上排列空碗时，心中是有数的。

第二次往碗里加入切成小片的糍粑、糯米饭、籼米饭、熟红苕等食物，面上放米花、黄豆，泡入茶水后，依次又递给每个客人，再次说："请吃茶。"如此三番五次，客人如果吃饱了，就连同碗筷递还主人，或放在桌上，表示不吃了。侗家的这种吃油茶礼俗，既文明，又礼貌。

这种"油茶"，吃在嘴里，甜香酥脆，既能填饥解渴，还可治疗轻微的感冒、泻肚等疾病，起到提神醒脑、消除疲劳的作用，是侗家必不可少的常年饮料。

据侗族人民传说，油茶产生年代已经非常久远。相传当年孔明带兵路过侗乡，由于长途行军，水土不服，很多兵士或累倒或病倒。孔明急忙派兵去请名医来营房诊治，可不见任何效果。后来找到了一个自称能医百病的侗族老奶奶。老奶奶来到兵营一看，既不把脉，又不开药方，只做了一大锅似茶非茶、似饭非饭的东西给士兵们吃。没多久，累倒的士兵有劲了，病倒的士兵病情好转了。孔明非常高兴，立即吩咐重赏侗族老奶奶，封她为"侗乡神医"。

当孔明问她用的是什么药时，她笑呵呵地说："哪是什么药哟，是油茶。"此事传开后，侗乡各家各户都争相效仿做油茶来防治疾病，久而久之，就成了一种习俗，并一代代地传了下来。

传说不一定可信，但是侗族油茶产生的久远年代却是可以肯定的。

侗乡油茶

● 血浆鸭见真功夫 ●

侗家血浆鸭

血浆鸭是贵州天柱、三穗等地侗族民众的传统美食，主要原料为当地饲养的骡鸭、麻鸭等。天柱骡鸭是番鸭与当地麻鸭杂交后产生的新品种，克服了纯番鸭公母体型悬殊大、生长周期长的缺陷，具有耐粗易养、生命力强、生长快、体型大、肉质好、营养价值高等特点，是侗族地区平常百姓最常见的家禽。因此侗族地区在吃鸭方面有了独创性，"血浆鸭"便是其中最典型的一例。

血浆鸭一年四季都可以做，但最能做出口味的是秋季。这时候的鸭子不老不嫩，并有上好的嫩姜和红辣椒。所以侗族同胞在中秋、重阳节等节日普遍吃血浆鸭。

侗乡血浆鸭的特点是香、脆可口，由于醋血的作用，不仅鸭骨酥而脆，就连姜和辣椒也变得更加清香。

炒制"血浆鸭"的方法最讲究的便是杀鸭时，先将鸭血流入醋加清水的酸水碗里，使其血浆不致凝固，以保证炒制过程中每块肉都能沾上血块。

先放入菜油将五花肉炒成焦黄状，再将鸭头、鸭腿及鸭爪炸干，放入鸭肉爆炒，待鸭肉炒透之后，捞出滤油，放入生姜、大蒜瓣、辣椒等炒干，再倒入鸭肉混炒后加水闷熟，之后把血浆拌料加味精倒入锅中，边倒边炒，待血浆成熟后，即或出锅上席食用，味香甜鲜嫩可口。与鸭肉同时炒制闷熟的五花肉中渗入鸭肉清香，油而不腻，还有些把土豆切成片放一起煮，味道十分甜美。

合拢饭中显团结

"合拢饭"是侗族招待客人的最高礼节。所谓"合拢饭"，就是把餐桌、食物合在一起，大家凑在一起喝酒吃饭。

关于"合拢饭"的来历，在侗族社会流传着一个感人的故事。相传从前有个寨子唱侗戏，有两兄弟知道后便邀约前去，不巧，大河涨水冲了浮桥，过不去，正在着急，有个老人划一只舢板船下来，见弟兄俩眼望河对面，便知道他俩要过河去。因弟兄俩从未坐过船，船到江心，眼一花，心一慌，脚一乱，踩重了一边船，船就翻个底朝天。那老人水性好，落到水中马上浮起来，很快把船扶正起来，紧接着潜入水中，把两兄弟一个一个地救上了船。数年以后，兄弟俩各自长大成家。有一天，老人因事去到兄弟俩的寨子上。因为事情急迫，他们的救命恩人只能停留一餐饭的工夫，不能两家各吃一餐饭再走。两兄弟经过商议，各办一些好饭菜，拿到一起来招待贵客。合拢饭就从他俩开头传下来，一直沿袭至今。

现在侗乡吃合拢饭，不仅限于一家之中的几兄弟，有时，甚至包括一个房族、一个寨子或一个生产队的人。如某个人曾经为哪个集体做了好

长桌宴

合拢饭

事，后来，他又走到那里去，那时整个房族、整个寨子或整个生产队，便每户来一个成年男人，根据各自家庭情况来筹办饭菜。大家都把好吃的拿出来，或杀鸡杀鸭，或炒猪、羊、牛肉，或炒鸡、鸭、鹅蛋，或炒雀子肉、野兽肉。酒有甜酒、泡酒，饭有粘料饭、糯米饭、粳米饭、糍粑、小米粑。总之，各家各办，五花八门，酸甜苦辣麻，样样俱全。

　　合拢饭一开始，首先由家长、族长、寨老或队长端上酒杯，先简单讲几句怀念和感谢的欢迎词，宴会就开始了，喝酒一般都要喝转转酒，即每人各喝邻座酒杯中的酒，全席同时举杯敬邻座，团结友好的气氛极其浓郁。吃菜要吃"转转菜"，一家的菜碗一人接一人传过去，使人人都能吃到。吃合拢饭，若上二十个人的，一般便不开联席了，而是在一间大屋里，用新杉木板或杉木皮摆在地上，摆成一个长方形，将饭菜摆成一线。酒至半酣，为首的主人斟上两碗酒，和客人换杯，然后，再按长幼顺序和客人"换杯"。若宾主都能唱歌，宴会上还要唱酒歌，宾主同欢，其乐融融。

别具风情
的古寨

● 魅力侗寨：肇兴 ●

　　肇兴侗寨，位于贵州省黔东南苗族侗族自治州黎平县，是黔东南侗族地区最大的侗族村寨，也是侗族的民俗文化中心，有"侗乡第一寨"的美誉。

　　进入肇兴，首先进入眼帘的是一座悬挂着"侗乡第一寨"牌匾的寨门。寨门实际是侗寨的迎宾门，每逢节日到来，主人们就到寨门去"拦路唱歌"，表示欢迎；客人要回去了，主人备办礼物，送到寨门外，唱歌分手告别。

　　侗寨寨门的造型十分考究，寨门为杉木建造，凿孔穿榫而成，不用一钉一铆。若建在比较平坦的道路上，则大多是一个大门，两个平房；如若遇到较陡的地势，则依地势而建。

　　进入寨门，肇兴侗寨尽收眼底。肇兴侗寨四面环山，寨子建于山间峡谷之中，两条小溪汇成一条小河

肇兴侗寨

穿寨而过。肇兴则如一艘大船形状，五座鼓楼则如这艘大船的风帆。寨中房屋为干栏式吊脚楼，鳞次栉比，错落有致，全部用杉木建造，硬山顶覆小青瓦，古朴实用。肇兴侗寨全为陆姓侗族，分为五大房族，分居五个自然片区，当地称之为"团"。分为仁团、义团、礼团、智团、信团五团。

"肇"字在汉语中表示"初始"的意思。相传很久以前，肇兴没有人家，只有花草树木，鸟兽虫鱼。在不远的洛香，生活着两兄弟，名叫陆闹和陆暖，两兄弟勤劳朴实，除了日常耕种之外，还养了一群鹅。有一天，兄弟俩发现鹅群中那只最通人性的母鹅不见了，两人心急如焚地在村寨周边寻找，结果找遍田间地头也没有发现母鹅的踪迹，他们认为母鹅被野兽叼走了，虽有不舍却也无可奈何……谁知半年后的一天，神秘失踪的母鹅居然回来了，陆氏兄弟高兴得不得了，但是没过两天，母鹅又失踪了。来来回回反复多次，让陆氏兄弟捉摸不透，于是两人决定跟踪母鹅，查探究竟。兄弟俩跟着母鹅随着小河逆流而上，并翻过一座山坳，看到两山之间是一个草木丰茂的盆地，溪流交错中有一块绿葱葱的平地，母鹅在这里建了一个大窝，并产下几十个硕大

寨中小河

远眺肇兴

的鹅蛋。陆氏兄弟通过对比，发现这块地方更加肥沃，加之是母鹅带路找到的，有一种神秘感觉，认为是上天的恩赐，于是就在肇兴这个地方定居下来。后来由于陆闹舍不得洛香原有的家业，便返回洛香去了，而陆暖则留在了肇兴，成为肇兴陆氏家族的开山鼻祖。

随着岁月的流逝，子孙繁衍生息，陆姓出现了五个分支，从而形成了五个村寨，每个村寨又各修了一座鼓楼。再后来，人口越来越多，五个寨子就连成了一体，最终变成了今天的模样。

肇兴以鼓楼群最为著名，其鼓楼在全国侗寨中绝无仅有，被誉为"鼓楼文化艺术之乡"。寨中五团，共建有鼓楼五座、花桥五座、戏台五座。五座鼓楼分别被侗家人命名为"仁、义、礼、智、信"，外观、高低、大小、风格各异，蔚为大观。其中仁团鼓楼，为七重檐八角攒尖顶式，高21.7米，占地面积60平方米；义团鼓楼，为十一重檐八角攒尖顶式，高25.8米，占地81.6平方米；礼团鼓楼，为十三重檐八角攒尖顶式，高23.1米，占地70.3平方米；智团鼓楼，为九重檐八角歇山顶式，高14.9米，占地77.3平方米；信团鼓楼，为十一重檐八角攒尖顶式，高25.9米，占地78.3平方米。信团鼓楼是肇兴最高的鼓楼，鼓楼嵌有楹联：鼓乐声声京城震动雄证当今盛世；楼阁巍巍侗寨欢呼讴歌天下太平。表达了侗乡人民对太平盛世、安定祥和的理想追求。

　　鼓楼形状不一，有的呈四面流水，有的呈六面或八面流水，楼的层次都为奇数，三五层至十五层不等，高七八米到十五六米。底层地面一般宽约二三十平方米，有的围以栏杆，有的空敞，中间置"火塘"，四周围以长凳，供人休息。楼檐覆盖小青瓦，有的檐角附以龙凤、花鸟泥塑。楼顶多呈伞形，上竖桅杆或垒叠陶瓷"金瓜"、"葫芦"。顶盖下层，有的围以木格或累积角形木花，"若蜂窝一样千孔万眼"，"像燕窝一样垒泥点点"。

　　鼓楼的横枋、四壁和门上彩绘龙凤麒麟、鸟兽花卉、山水人物，造型美观，栩栩如生。从外貌我们可以看出，肇兴鼓楼既有宝塔之英姿，又有楼阁之优美，巍峨庄严，蔚为壮观。

　　除了鼓楼之外，肇兴还有五座花桥，分布于寨中各处，为寨民生活起居提供便利。花桥，即风雨桥，因为这样的桥不仅连接交通，而且可避风雨，又可供休息娱乐，因而得名。风雨桥桥墩一般以青石砌成，桥面铺设成排的杉木，上面建有长廊，覆以瓦顶，还建有楼亭。楼亭呈方形，多角重檐，层层而上，形似宝塔，气势宏伟，桥面通道两侧有栏杆。长廊两旁设有长凳，宛如游廊供行人观赏和休息。长廊和楼亭的瓦檐、柱头都或雕或画有龙凤花草，秀丽玲珑，蔚为壮观。风雨桥的建筑结构独特，建桥时不用铁钉，只在柱子上凿通无数大小不同的孔眼，以榫衔接，斜穿直套，纵横交错，结构极为精密，其坚固程度，不亚于铁、石桥，可延两三百年而不损。这是侗族建筑艺术的特色，也是侗族人民劳动智慧的结晶。

　　此外，肇兴还是歌舞之乡，寨上有侗歌队、侗戏班。每逢节日或宾客临门，侗族群众欢聚

肇兴鼓楼、花桥与民居

肇兴侗寨及鼓楼群

1999年，贵州省政府将肇兴列为全省9个重点民族村寨保护之一。

2001年，肇兴侗寨及鼓楼群列入大世界吉尼斯纪录。

2003年，肇兴侗族文化生态保护区被国务院列为全国首批十个民族民间文化重点保护工程试点之一。

2004年，国务院批准肇兴侗寨为国家级重点风景名胜区。

2005年《中国国家地理》主办的"中国最美的地方"评选活动中，肇兴被评为中国最美六大古村古镇之一。

于鼓楼、歌坪，举行"踩歌堂"、"抬官人"等民族文娱活动。肇兴的侗歌尤其出名，有侗族大歌、踩堂歌、拦路歌、琵琶歌、牛腿琴歌、酒歌、情歌、山歌、河歌、叙事歌、童声歌等。侗歌声调婉转悠扬，旋律优美动听，尤其以多声部混声合唱的大歌扣人心弦，轰动海内外。芦笙演奏也是肇兴一绝，每隔一年于中秋节举行一次的芦笙会上，主、客竞相吹奏比赛，笙歌阵阵，热闹非凡，极为壮观。

肇兴侗寨侗族文化底蕴深厚，侗族风情原始、古朴。侗家人每年都要举行"月也"活动。这是村寨与村寨之间的大型社交活动，客寨举寨前往主寨做客，当客人来到主寨寨门前时，主寨的姑娘们会在寨门前摆起了拦路凳，唱起拦路歌。客人闻歌而对，一唱一应，几个回合下来，喝了拦路酒，才肯放客人进寨。寨中男人吹芦笙放铁炮鞭炮，敲锣打鼓将客人迎进寨子的鼓楼内。人们聚居在鼓楼旁的歌坪上，踩起歌堂，举行盛大的祭祀祖母"萨岁"的仪式。两寨的男女青年在寨老的带领下，拥着"萨坛"绕寨一圈。然后在芦笙曲中进入歌坪，手拉手围成男外女内两圈，边舞边唱，侗语称之为"哆耶"。

每当夜幕降临，主客围坐在鼓楼中，火塘燃起旺旺的篝火。欢庆的人们唱起侗族大歌，如痴如醉。

肇兴侗寨民居

● 生态示范：堂安 ●

堂安是少见的坐落于山间的侗寨。堂安三面环山，视野广阔，重峦叠嶂，阡陌纵横，梯田层叠。

山腰间的民居依山就势，悬空吊脚，高低错落，疏密有致，井然有序。寨中的鼓楼是堂安的象征。鼓楼与戏楼、歌坪形成三位一体，显示出侗族村寨的特征。寨

翠色堂安

中四通八达，小径通幽。山石铺成的石路曲折蜿蜒，九条出寨子的路口都建有寨门，寨子中的附属设施还有禾晾、谷仓、水碾、石碓、榨油房、鱼塘、井亭、祭萨塘等，都具有它们的独特文化个性。寨子中间，还有一块墓地，有坟十余座，多为清代所建，体现了侗族社会生死相守的朴素思想。这些坟墓石碑雕龙刻凤，卷草花纹等工艺精美，是堂安侗族文化遗产的另一种体现。

堂安鼓楼位于侗寨中央，系九层密檐四角攒尖顶，穿斗结构，通高 27 米，层檐板施彩绘，与其他侗寨鼓楼相比较，堂安鼓楼独具特色。

堂安侗族生态博物馆远眺

鼓楼是堂安侗民议事和迎送宾客的活动场所。戏楼在鼓楼右侧，悬山顶、六柱落脚，下敞，专供唱侗戏用。歌坪与鼓楼在一个平面上，占地 145 平方米，为戏楼前的"中

心广场"。鼓楼、戏楼、歌坪三位一体，成为该寨的建筑标志。

鼓楼旁的戏台，是侗族人们展示淳朴艺术天赋的场所。每到演侗戏的日子，戏台上下热闹非凡，台上唱得不亦乐乎，台下听得津津有味，台上台下都是那样的专注和热情，令人感动。

点缀于村落中的风雨桥本是为田间劳作的人们遮风挡雨的场所，但是最留恋它的还是未婚嫁的侗族青年男女。每当月朗星稀，清风徐来的夏夜，一群群侗族青年就汇集在风雨桥上。小伙子一边弹琵琶或者拉牛腿琴，一边向对面心爱的姑娘唱着动听的情歌。姑娘们则一边就着月光做针线活，一边用各种歌词考验小伙子的智慧和情意。

山有多高，水有多长，鼓楼上坎有一处清泉，冬暖夏凉，流入用青石打制成的2尺见方而带把的石斗中，石斗下用多边形石礅支撑，清冽的泉水在斗中聚满，又从左右凹槽流出。这里的侗家人把这种带把的斗井称为瓢井，因为它的形状如同木瓢。这股清泉使得堂安侗寨别有情愫：第一道是人家饮用水，第二道是家家户户洗菜或捣衣用水，第三道是灌溉。三个水潭一股清流，这生态循环的饮水模式堪称独到，显示出侗家大智大慧。

堂安人认为人的祝福与自然息息相关，尤其在丧葬习俗上表现极为突出，人死了请鬼师看日子，对死者的生辰八字进行卦算，测定落土年、月、日、时，当年不能落土的将死者入棺后停放于田角、地角或树角，直至适合安葬的卦算期才能入土。有的死者一停数年才得入土，安葬时还将死者抬至鼓楼祭祀，锣鼓、唢呐喧天，三响铁炮后，数十人将棺木抬出鼓楼安葬。是日，全寨老少聚集歌坪吃丧饭。墓集中葬于寨内一块台地上，墓裙以条石砌成，墓碑工艺讲究，碑两侧立柱为浮雕，碑罩为镂

堂安寨门

雕的卷草图案。

　　堂安不但有优美的自然环境，而且有范围较大的侗族文化环境，不论在建筑、语言、服饰、音乐舞蹈、生活习俗和共同的文化心理都保持了贵州南部侗族的特征。1995 年中国和挪威的一些文化生态博物馆专家学者到堂安进行实地考察，被堂安的鼓楼、花桥、戏台、民居、石板路、古墓群、古瓢井、水碾、石碓、纺车等古老的实物及日常生活景象吸引住了，挪威生态博物馆首席专家约翰·杰斯特龙先生感慨地说："堂安是人类返璞归真的范例，从实物细细品味，完全可以证实她的历史悠久性，这里有着侗族旅游资源开发价值和人类保护价值……"鉴于堂安侗寨人文生态景观、自然景观的完美和谐以及她显示出来的人类古老生活样式，堂安作为一个典型的侗族文化社区，一个活着的既古老又新颖的文化体，被选作为示范性生态博物馆。根据 2000 年 9 月 5 日的中挪奥斯陆协议，确定在这里建立"堂安侗族生态博物馆"。"堂安侗族生态博物馆"是中国与挪威两国政府共同创建的一座"侗族生态博物馆"，也是中国乃至世界上唯一的一座侗族生态博物馆。她没有固定的馆舍，她涵盖了堂安及周边侗族社区居民生活、生产及其环境。博物馆向人们展示了侗族的物质文化遗产和非物质文化遗产，包括鼓楼、梯田、寨门、民居、戏台、花桥、古墓群、萨坛、古瓢井、风俗习惯、民间艺术以及生产生活等内容，村寨上端的"资料信息中心"，浓缩了整个社区的诸多文化信息。

　　堂安作为一个侗族文化社区，一种文化体，辐射整个六侗地区。

堂安现象是人与自然和谐发展的运转过程。这座活生生的生态博物馆的保护与建设以及整个社区的遗产保护必将给旅游业带来广阔的前景。

堂安古井

● 古榕成群：三宝侗寨 ●

三宝侗寨位于榕江县境内，与县城古州隔河而居，包括车寨、恩荣堡、章鲁、寨头、英塘、脉寨、六佰塘、月寨、小堡等十村九寨。清澈见底、透明如镜的寨蒿河自北向南穿过整个三宝侗寨，河岸上长满一排排绿茸茸的护堤古榕树，这里是珠郎、娘美的故乡。

三宝侗寨分上、中、下宝寨。关于三宝侗寨的来历有一个神话传说：

相传古老的三宝地区是一个长湖，湖的北端抵笔架山，湖的南端抵马鞍山，东抵九十九垴坡脚。三都、寨蒿、平永三条河都流入湖里，每条河各住一条龙，三条龙经常到湖里来游玩。有一年，连续下了九天九夜瓢泼大雨，三条河同时涨水，湖水越涨越高，突然湖下端一声巨响，马鞍山与杨家湾相接处崩塌，湖水直泻都柳江，三条龙兴风作浪下南海，留下了三个龙宝。待雨停水退，长湖现底，三个龙宝分别落在乐乡塘、寨头塘和车寨塘。后来侗族祖先从两广交界的梧州一带沿河迁徙来到这里，建寨落村，就以龙王留下的三个龙宝来命名，叫三宝。乐乡附近的几个村寨叫上宝，寨头附近的几个村寨叫中宝，车寨附近的几个村寨叫下宝。

当地流传的祭祖歌也唱道：

　　古州地方宽，
　　三宝坝子平，
　　我们祖先很高兴，
　　决定在这里建寨落村。

进入三宝侗寨，首先看到的是"三宝鼓楼"，始建于清道光年间，咸丰同治年间被

三宝侗寨

侗乡古榕情

毁，光绪十七年（1891 年）重建，主楼坐北朝南，为三重檐四角攒尖木质结构，不用一颗钉子，建筑面积 225 平方米，21 层，总高 35.18 米，总占地面积 8000 平方米。在鼓楼内和附属建筑物上，绘画和雕刻有侗族从母系氏族社会以来的历史沿革，以及中国侗族多支系的古风遗韵、传统服饰、民间习俗等，集中国侗族历史文化之大成，是古榕风景名胜区一道亮丽的风景。2001 年 10 月 20 日，三宝鼓楼以"最高、最大、楼层最多"的特点入编《大世界吉尼斯纪录大全》。

除了鼓楼多外，三宝侗寨的"萨玛祠"也是修建得很有特色的。"萨玛祠"是侗族人民祭祀女神"萨玛"的祠庙，几乎每个村寨都有，整个三宝侗寨共有 9 座。祠庙内有用砖瓦盖成的小屋，屋中央用石头垒成石堆，中间插一把半开的纸伞，周围有 12 或 14 个小木桩或小石堆。纸伞和木桩上披挂剪纸。这些木桩、石堆表示"萨玛"之位。祠庙外种植有一株常青树，象征圣母"健康长寿"。三宝侗寨最盛大的传统节日为萨玛节。萨玛节每年在春耕之前（农历正月或二月）或秋收之后（农历九月或十月）的农闲时间里择吉日举行。祭萨这天，各村都

古榕翠色

请来祭师，在萨玛祠前举行猪、鸭活祭，场面宏大。参加祭萨的人员各地不同，侗族地区有许多村寨是全体男女老少都参加，而三宝各村寨只有已婚妇女和少数德高望重的男性

三宝侗寨鼓楼

寨老参加。因此，三宝侗寨的萨玛节带有远古母系氏族社会的遗风。三宝侗寨每年都过萨玛节，主要是祈求萨玛的英灵赋予人们力量，战胜敌人，战胜自然灾害，赢得村寨安康，五谷丰登，人丁兴旺。

三宝侗寨傍河而居，寨边河岸上栽有四季常青的护堤榕树，现有古榕树30多株，这些高20米，胸围6米以上的参天巨树，彼此之间根系相连，枝叶相拥，形成一片罕见的榕树群。古榕树的奇特造型和无比强大的生命力，造就了"古树包碑"、"古榕吞庙"、"苗女开裙"、"九龙入海"、"十洞连环"、"榕根瀑布"、"生死恋树"等十大奇观。古榕树下那尊"珠郎娘美"的白色雕像格外夺目。雕塑由一男一女组成，男的叫珠郎，女的叫娘美。关于珠郎娘美的凄美传说可以说是中国式的"罗密欧与朱丽叶"。

这里木屋与窨子屋错落有致，鳞次栉比，江水、榕荫、村寨、田园构成一幅幅美丽的风景画。清代咸丰同治乱世之前三宝侗寨民居是吊脚木楼，乱世期间被毁，重建时改为地屋，多为四排三间或三排两间，加后厦或偏厦做厨房，楼下住人，楼上存放粮食或杂物；光绪年间，有的富裕人家封上了窨子屋，现保存完好的还有车寨二帝阁杨氏家族和寨头弯街杨氏家族等处。

● 神秘占里 ●

占里村貌

山上一窝鸟，崽太多，母鸟就要累死了。

有两个就能活，长得好，不会挨饿。

——占里民谣

占里是从江县一个古老的侗寨。这里青山环抱，古木森森，鳞次栉比的吊脚木楼中间，一座高13层的鼓楼在层层薄雾和袅袅炊烟中显得格外壮观。潺潺的山溪沿寨边流淌而下，溪边是高高的禾架。占里人告诉我们，秋收季节，金灿灿的香禾晒上禾架，很美。当其他地区为了解决吃饭问题千方百计增加粮食产量的时候，占里却依然沿袭传统，种植产量不高但吃起来香喷喷的糯稻。

　　由于没有文字记载，占里这个名字的由来，目前无从考辨。据《从江县志》记载：占里人的祖先，是在距今千年的隋唐时期，由苍梧郡（今广西梧州一带）迁徙而来。为了躲避战乱和饥荒，他们的先民沿都柳江逆流而上，用刀耕和火种的方式，在占里开始了世居繁衍。现在的寨老通过口传历史记忆，经历了长途迁徙的先祖在占里定居后，由于避开了山外的战乱，人口迅速繁衍，由最初的5户人家迅速膨胀为60户，人称六十占里。有限的土地和迅速繁衍的人口之间的矛盾，让占里人的祖辈们产生了许多的忧虑：人多地少，不仅会闹饥荒，还会出现盗贼。于是，数百年前，先祖们在当时寨老的召集下会集鼓楼，定下当今学者们称之为"侗款"的寨规：一对夫妇只许生一男一女两个孩子，以便他们长大成人后，一进一出，保持性别的平衡。而全寨的总人口要控制在七百人左右，谁家无视寨规多生，将被永远逐出占里寨门。

寨规以民间立法的形式，确立了占里独有的社会契约。如今，每逢农历二月初一和八月初一，全寨人一遵古制，聚集在鼓楼下，听寨老训诫，并用侗族古歌传唱上述寨规。永远逐出占里寨门如今不会起作用了，但如果村民违反了寨规，娃儿生多

占里鼓楼

了，分到的土地比别人少，不光自家的日子不好过，而且会被人瞧不起。在这古朴的思想观念和民约中，人口增长得到有效控制：从1952年全国首次人口普查至今，占里人口年均增长不足1人，人口自然增长率几乎为零；新中国成立以来，占里秩序井然，没有一人犯案处刑，五十余年刑事案发生率为零。

由于交通闭塞，占里古老而奇特的生育文化一直藏在深闺。20世纪90年代，占里人控制人口增长、实现人与自然之间和谐相处的朴素生存智慧，才逐渐传到山寨之外，并引起了国家计生委和中国人口情报中心等部门的重视。同时，也引起了有关社会人类学者的格外关注。这个中国计划生育第一村的美名，在不断增多的外来访客的惊叹声中得以交口相传。

我国政府致力推行的计划生育国策，因为与"多子多福"的传统观念相冲突，在许多农村地区计划生育政策的实施都曾遇到很大困难。

占里

但是在占里几乎没有遇到任何阻碍。占里人自发推行的"自然节育法则"正好与基本国策相吻合。如今，在他们集会的鼓楼里，"实行计划生育，功在当代，利在千秋"的标牌高高挂起。在寨老们的记忆里，即使在过去曾一度鼓励少数民族多生多育的年代里，占里也没有一家生育三个以上的孩子。是什么让占里人产生朴素的人口观念和节育思想，并开始自发控制人口呢？从流传在占里的民谣中，似乎可以找到答案：

> 家养崽多家贫困，树结果多树翻根。
>
> 一棵树上一窝雀，多了一窝就挨饿。
>
> 崽多无用，女多无益；
>
> 崽多要分田，女多要嫁妆；
>
> 崽多无田种，女多无银两。
>
> 七百占里是只船，多添人丁必打翻。

占里人的婚姻也像其他侗寨一样，通过对歌、行歌坐月和跳芦笙舞的方式缔结。然而，与众不同的是，占里人只是寨内通婚。他们的婚俗是郎不外娶、女不外嫁，是一种称作"寨内兜外"式的婚姻。即同兜（即同一血缘支系）不能结婚，即使结婚，也必须三代以上，而且绝对禁止姨表婚、姑表婚。占里人提倡晚婚晚育。他们认识到，晚育对于妇女的身心和孩子的健康都是有益的。独特的是，男女双方结婚后，女的并不急于落居夫家，只在农忙时节或者夫家遇有大事需要

占里禾晾

帮忙时，媳妇才在夫家作短暂停留。女的怀孕或年纪已大时，才完全在夫家定居下来。

由于人口规模适度，占里人均占有土地面积为 1.55 亩，比全县的平均值高出两倍多，并略高于全国人均水平。因此占里人比相邻村寨的居民生活得更好。这使得占里人能够种植香糯等产量较低、但品质更高的作物。

占里人生活的优越，还表现在他们的寿命上。寨子里有许多八九十岁的老人，可他们的家庭，人口并不多。即使是五代同堂的人家里只有八口人，如果在其他地区，这样五世同堂的家庭通常有几十口甚至上百口人。

占里还有另外一个让人惊奇的现象，正如他们的寨规所规，寨里93% 的家庭有一男一女两个小孩。只有 5% 的家庭有一个或两个男孩，2% 的家庭有一个或两个女孩。在性别比例悬殊程度位列全国第四的贵州，堪称值得研究推广的个例。

据说占里人有一种叫做"换花草"的草药，妇女在怀孕前服用此药能够决定胎儿的性别。但是占里以外的任何人都没有见到过这种草药。按照占里人的说法，这种药物通常由传女不传男的药师来调配。占里现在的药师已经有 72 岁高龄，名叫吴乃根。据说她所掌握的药方不仅可以平衡胎儿的性别，让女人顺利地生产，还可以安全地避孕。在寨里，她享有很高的声望。药师并不以施药为生计，有人来讨药只需象征性地送一筒米（3~4 两）即可。按药师的说法，只有用米换药才有功效。当女人们来求药师做流产时，就需要提一饭"圊"米、3 条腌鱼和一丈二尺布，钱可随意给，不在乎多少，最多不会超过 10 元，即使不给也没关系。在占里，女人怀孕的单月，即 3、5、7 个月时，如果她不想要这个孩子，就去找药师，药师就用一种"土办法"为她做流产。占里人的信仰认为，不到一岁的孩子

占里古井

没有灵魂，可以不把他们当作人，而是当作小动物看待。因此，母亲和药剂师在为控制生育的目的做流产时，就不至于有太大的心理负担。占里人在利用自然资源时也显示了他们的智慧。这里每个家庭收获的粮食都足够维持全家人两年的生活。这种与自然追求和谐，以及维持可持续发展的生存智慧值得羡慕。

在占里侗寨，儿子和女儿拥有同等的继承权。通常，儿子继承水田，女儿继承棉田。山林和菜园一分为二，房基和牲畜归儿子，女儿出嫁时将带走家里的首饰和布匹等。父母还要给女儿一份"姑娘田"，作为姑娘出嫁时的陪嫁品，谁家若不给女儿"姑娘田"，不仅会遭人耻笑，还有被男方退婚的可能。占里正是由于有了这种男女平等的"民间继承法"，其男女性别比的平衡得以良好调节。

占里人在利用自然资源时也显示了他们的智慧。他们在水田里养鱼，鱼的排泄物可作肥料。在鱼塘上兴建谷仓，以备着火的时候取水方便。他们从不砍伐整棵的树木，只是伐去一些枝条。当一家有孩子诞生时，他们会种上几十棵杉树。孩子长到 18 岁，就砍一些树盖房子。由于种植的树总是比砍掉的多，占里终年都在森林的荫蔽当中，森林覆盖率达到 75% 以上。

占里奇迹：四代同堂八口人

● 千三侗寨：地扪 ●

　　在侗戏发源地黎平县茅贡乡的清水江支流源头的大山深处，有一个古朴迷人、风情浓郁的侗寨，名叫地扪。它是仅次于全国最大的侗寨肇兴的第二大侗寨。地扪侗寨依山傍水而居，是侗族地区民族风情文化保存较为古老完整而且最具有代表性的侗族村寨。

　　地扪，是根据侗语音译的地名，意为泉水源源不断的水源，蕴含村寨发祥、人丁兴旺等深意。流传地扪的古歌中提到，唐朝时期就在此建寨，至今已有近千年的历史。相传地扪侗族祖先原生活在珠江下游岭南的水乡泽国，秦汉时期为了逃避战乱，溯江而上，几经迁徙来到地扪这个地方定居后，勤劳耕作，丰产足食，人丁兴旺，不久就发展到了一千三百户。随着人口的增加，出现了人多地少的矛盾，为了生存，寨老和一些德高望重的老人商量后，决定分七百户到茅贡，二百户到腊洞，一百户到罗大和登岑去居住。因此，地扪为"千三"的总根，至今仍称为"千三侗寨"。地扪侗族古歌这样唱道：

地扪千三鼓楼

人口发展落满寨，
又愁屋坐又愁粮吃，
田地越来越嫌少，
祖公商议分出去，
分去腊洞就把高山上，
分去茅贡发七百家人丁旺，
分去罗大那里荒田真不少，
分去登岑就住田坝脚，
村村寨寨肥田沃土年年有余粮，
四村五寨共条根，
千三总根在地扪。

　　发源于该村境内的清水江支流从村中川流而过，村子分为五个自然寨，河东是围寨、腊模、得面，河西是寅寨、寨母，寨与寨之间几乎没有十分明显的界限。村里现有两座鼓楼、两座花桥、两座戏台。全村居住的都是南部侗族典型的干栏式木楼。木楼因地势而建，建在平地上的一般都是平地楼，建在水塘上的一般都是矮脚楼，建在坡坎上的一般都是吊脚楼。木楼层次分明，错落有致，形成了一条条幽深曲折的巷道，并铺设有青石板路通向各家各户。

　　地扪居住的几乎都是吴姓，至今还沿袭着族长式的寨老管理寨务的民间组织方式。现任的千三总寨老有男的四人，女的二人，各寨寨老有二人。寨老都是选举产生，无任期，一般都是年龄在60岁以上，在地方德高望重，对地方事务负责，热心公益事业，并了解和能够

地扪塘公祠

传承民情民俗的老人担任。地扪各个寨子是"聚族而居"形成的，即每个寨子都是有血缘关系的氏族联合体，本寨内的吴姓不结亲，但特定的寨与寨之间的吴姓可以开亲，并建立有一种传统的婚姻关系，当地叫"结对门亲"。寨母与腊模、得面与寅寨、围寨与腊模相互结对门亲。

地扪侗族古歌这样唱道：

> 分五寨以沟为界，
> 同姓开亲寨与寨成双。
> 寅和得面开成对门亲，
> 模与寨母亲家经常走。
> 剩下围寨无处结，
> 又与模结鸳鸯。

地扪积淀着千百年的侗族风情文化，淳朴浓郁，原汁原味。在多姿多彩的古俗民风活动中，几乎都是在有婚姻关系的寨与寨的群体之间进行，"月也"（寨与寨之间集体交往走访做客）是各种活动的载体。

正月间唱侗戏，是一个寨请亲家寨的戏班子来演出，同时请寨上的男女老少一起来看戏做客，酒肉款待，演出结束后，对方又抬着肥猪来回谢，侗语称为"月也戏"。春节期间新媳妇请娘家客，是请本

地门古井

寨的家族与同伴到娘家来做客走亲，侗语称为"月也乜"。平时新婚
夫妇生小孩请满月酒，是请本寨及娘家寨的人都来朝贺，摆酒席众请
三天，侗语称为"月也腊嘿"。一个寨子修建鼓楼或花桥，亲家寨要
邀请其他的寨子共同来祝贺，侗语称为"月也楼"或"月也纠"。春
节或秋后斗牛，结亲的寨子放牛对打，打输了的寨子要率众抬着肥猪
和斗牛的"金牌"——桅杆，吹着芦笙，敲锣打鼓，前往打赢的亲家
寨祝贺，侗语称为"月也神"。在"月也"过程中还有许多独特的习俗，
一个寨子的要到亲家寨"月也"，先要到本寨鼓楼集中，在鼓楼里踩歌堂，
唱三首萨岁歌，然后绕萨坛三圈，才鸣炮吹芦笙出寨。亲家寨在寨前
吹芦笙设拦路酒相迎，双方对歌饮酒后，才齐奏芦笙进寨，进寨后主
客一起到鼓楼踩歌堂，唱萨岁歌，最后展开对歌。年轻人对唱情歌，
老年人对唱叙事歌、劝世歌等，在酒席间还对唱敬酒歌。在千三侗寨里，
无歌不客，无客不酒，"饭养命，歌养心，酒养神"是千百年来的古训。
在这些密切的交往活动中，使千三人世世代代相处和睦，团结友善，
热情好客，构成人与自然和谐的生命旋律。

　　在地扪寨脚水塘边有一座塘公屋，这里流传着一个关于护佑千三
民众的神——塘公的古老传说：相传很久以前，地扪不知从哪里来了
个八九岁的小男孩，长得眉清目秀，知书达理。他把寨上的小伙伴们
召集拢来，教大家读书写字，小伙伴们都挺乐意跟随他，称他为小先

地扪百年禾仓

生。寨上的一千三百户家家争着接他去家里做客，他每天吃一家，轮完已是三年，但寨上的人们还不知他来自何处，叫什么名字。有一天，小伙伴们问他："小先生，你跟我们做伴都三年了，我们还不知道你家住什么地方，你叫什么名字呢。"他答道："我家住在寨脚的水塘边，我姓塘。"从此，大家都管他叫"塘"。转眼六七年过去了，塘和小伙伴们都长成了十七八岁懂文化的青年。一年，朝廷科考的消息传来，塘对伙伴们说："我们这么大的地方，应当出人才，有人到县衙、府衙，甚至京城去做官，为地方民众争光，做点大事才对。"大家都觉得他的话很有道理，但提到去京城赶考谁也不敢想，而塘却执意要去闯一闯，于是就告别了朝夕相处的伙伴们，翻山越岭朝京城方向走去。他风餐露宿赶到京城参加了科考，一举夺魁，考中了状元，被皇帝封为宰相。由于他为人耿直，才华横溢，得到皇帝的赏识和民众的爱戴。

过了三年，塘陪皇帝下到江南出访，他邀请皇帝到他成长的地扪千三侗寨去看看，皇帝问他要走多久，他回答说，骑马要三十三天，走路要烂七十七双鞋。皇帝听后觉得路途遥远，决定不去地扪，但下了一道圣旨封地扪一带的地方为"天府洞"（侗语系"好地方"的意思），就与塘打道回京城了。

一晃几十年过去了，塘在京城到了晚年，他十分思念地扪和那里的人们，忧郁成疾，不久就离开了人世间。塘因生前不能报答千三民众的养育之恩，他死后便托梦给地扪的寨老，说他的阴魂要回地扪，要他们在寨脚的水塘边建一座塘公屋，他已经划好红线，屋落成的次日午时三刻水塘中冒出三个气泡，就是他显灵了。第二天，寨老到寨脚的水塘边看，果然有四四方方的一道红线，于是按梦中吩咐择吉日在水塘边修了一座塘公屋，屋落成的次日午时三刻，全寨寨老围在屋前的水塘边，果然看到了水塘中冒出三个亮晶晶的气泡，化成一团雾气……从此，地扪寨脚的水塘边就有了塘公屋。屋的四周古树成荫，屋底有口清凉的泉井四季长流，前面的水塘深不见底，成群的鲤鱼游弋在水塘中。人们说那是塘公的神兵，塘是水塘里鲤鱼的化身。

自建塘公屋后，地扪这一带风调雨顺，五谷丰登，好像安泰祥和的世外桃源。因此，千三的人们都把塘奉为神明，逢年过节，家家都要到塘公屋敬供上香，祈求塘公保佑村寨祥和，老少平安。千百年来，代代敬仰，流传至今。

● 古韵增冲 ●

增冲侗寨是贵州省从江县的一个古老侗寨，相传已有近千年历史。走进增冲寨，山清水秀，林木丛生，一条清澈见底的小溪绕寨而过，防火水渠贯穿全寨，寨中水池随处可见，这些防火措施使得增冲从未发生过火灾。寨子中的小道都是青石板铺成，举世闻名的鼓楼屹立在古寨中央，与坐落寨边的风雨桥交相辉映，加上鳞次栉比的木楼，构成了一幅以杉木为主题的乡村风俗画。

溪边村妇浣纱，白鹅戏水，织布声、石碓声间杂鸡鸣犬吠，在袅袅炊烟中勾画出一幅朦胧写意的侗家生活画卷。寨子中长满青苔的青石板巷道曲径幽深，石雕精美。孩童嬉戏，老妇纺纱，楼阁里村姑织绣，侗歌声飘出，让人尽情地享受侗家那份独有的清静。

增冲侗寨 2003 年被评为省级重点风景名胜区，是世界旅游组织评选出的 30 个世界级的乡村旅游村寨之一。

增冲侗寨侗族占全村人口的 98% 以上，以鼓楼、风雨桥、民居、石雕为代表的侗族建筑，浓缩了侗族传统建筑的全部精华。

"四面依山，三面临水；山清水秀，林木丛生"，是增冲侗寨的特有自然景观。增冲河绕寨而过，形成了山环水绕、山水资源丰富的格局。除此之外，这里还有地下水、地表水、山泉水。整个村寨依水而建，水已经成为了增冲人生活的依赖，寨中有大小水池（也叫防火池）

增冲侗寨

无数个，池中可养鱼。从后山引进的山泉水穿寨而过，可作为生活用水。为此增冲侗寨也被称为"水寨"。站在增冲侗寨四周的高山上眺望，可观远山近水，整个村寨坐落在青山绿水之中，真可谓一幅景色迷人的"侗家山水风景画"。

增冲人在山与水之间，开垦了大量的农田。每到春耕季节，增冲人便会取来鱼肉、米酒，在田间地头敬祭祖先与神灵，保佑地方风调雨顺，喜获丰收。秋收季节，增冲更是一派繁忙景象，各家各户用自制的马车、牛车将收割后的稻谷运至打米场或水碓旁，然后把加工好的新米放入自家的"禾仓"。增冲人也利用短暂的冬季种植油菜，春暖花开之时，走进增冲看到的将会是一片金黄色的田野。山水田园养育了增冲人，这里的男女老少就是靠这片土地世世代代在这里繁衍生息，并耕耘和创造了这美丽的田园风光。增冲历来为交通要道，古驿道至今仍清晰可见，保存完好，红军长征时曾路过此地。

增冲村的民族建筑构成了增冲的人文环境。增冲的民居建筑是以山水、田园为依托，以鼓楼为中心，以风雨桥为纽带遵循八卦五行学说，按八卦形制理念向四周布局，形成山水环绕、山清水秀、田园起伏、鼓楼、民居鳞次栉比、错落有致的居住格局。增冲民居建筑有两种形式。一种是建于乾隆年间的砖木结构、砖石结构的五岳式封火房，封火房仅留有一大门供出入。大门两侧石坊、门楣雕刻有花草、八卦、太极等图案，墙上嵌有石质透雕花窗图案，由"福、禄、寿、喜"字样及其他图案等构成。

另一种则是侗族传统的全木结构穿斗式吊脚木楼，木楼的门窗、长廊护栏和吊脚柱底部均雕刻有精致的花纹图案。

建于清康熙十一年（1672年）的增冲鼓楼耸立在寨子的中央，

增冲风雨桥

是全国保存至今比较完好，而且历史最为悠久的侗族鼓楼。这座鼓楼径柱与檐柱之间用穿枋相连呈辐射状，不用一钉一铆，逐层上叠收至11层密檐，再覆盖两层八角伞形攒尖楼冠，巨大的楼冠下采用人字形如意斗拱支撑，这种结构大大减少了对风的阻力，又大大增加了鼓楼的美感，是鼓楼的经典之作。楼冠上按大小顺序将圆珠陶瓷串在一起，顶尖直指云霄，形成一座内4层外13层檐双楼冠塔状建筑，各层翼角高翘，檐口及封檐板略呈弧形（此建造技艺已经失传），檐板彩绘人物、花草、禽兽等图案。整座鼓楼飞檐翘角，造型优美，结构流畅。1985年11月，增冲鼓楼被列入贵州省重点文物保护单位；1988年元月，被中华人民共和国国务院列为国家级重点文物保护单位。

增冲河上建有3座风雨桥，均为廊屋式的全木结构建筑，是村民遮阳避雨、休闲纳凉的地方，也是迎宾送客的场所，还是侗寨拦截财富不随水流走的吉祥物。

增冲的石板古巷道、水渠网络、防洪堤、码头等历经数百年至今保存完好，其中古石板巷道八条，总长1650米。水渠网络沿古巷道布置，防洪堤总长1200米，特别是增冲村纵横有致的水渠网络不仅暗示了全村八卦五行学说的玄机，而且为全村的消防安全消除了隐患。完好的消防设施和完好的森林植被使增冲数百年来未发生一起火灾，百余年来无一水患，这在整个以木构建筑为主体的侗族地区是一个奇迹。

增冲的石雕艺术大多是明清时期建造的，最早的有600多年历史。这些用石头打造的艺术，与鼓楼、风雨桥、民居等木结构建筑形成了鲜明的对比，无论在审美形式上或是文化内

增冲侗寨石狮

涵上均有着重要的研究价值。

增冲的石门、石窗、石墙柜均为整块青石雕刻而成，工艺精湛，文化内涵丰富，技法细腻多变。石玉新家的石门，建于清代康熙年间，由门梁、门额、门柱、门基座和门槛组成，每个

增冲透雕古墓

构件都是用整块青石雕琢而成，青石上刻有花草、八卦、太极、喜鹊、鲤鱼图案，其中有阴刻、阳刻和浮雕，技法多样而统一。雕刻在增冲侗寨石构建筑"封火房"墙上的"福禄寿喜"、"金鸡独立"和"天地人合一"等石窗造型，不仅表现了侗族人民追求美满幸福、健康长寿、富裕祥和的美好生活，同时还记载了一段时期侗族人民繁衍生息、与天地共存的生活景象。"阴阳合一"是因石墙柜的花瓶上刻有太极图而得名。其造型是镶嵌在墙上的柜子，雕刻有花瓶，花瓶上刻有太极图，瓶内插有花草与兵器。从图形的内容分析，是侗族人表达古代"天地合一"、"阴阳交融"、"战争与和平"的思想理念。

此外，增冲的陵墓石雕刻，可谓古朴典雅，文化内涵丰富，造型技法娴熟，独具民族特色，具有重要的研究价值。

增冲侗寨的自然环境、民族建筑和石雕艺术，是"真山真水真情，古俗古风古韵"和"回归自然返璞归真"的真实写照。增冲就像一只在历史长河中的木舟，用缓慢的步伐记录着它那沉淀了近千年的文化和艺术，孕育了原生态的自然环境，打造了建筑的绝品，创造了消防的奇迹，还留下了精湛的石雕珍品。

● 歌窝小黄 ●

　　小黄是个神奇而富有诗意的侗寨，一条小溪穿寨缓缓而过，四周青山环抱，几百栋吊脚木楼依山傍水，山中有水，水中有山，山水交融，似一幅恬静的田园风光图。这里汇集了侗族风情的精华，鼓楼、风雨桥、吹芦笙、唱侗歌……尤其是侗族大歌享誉国内外。

　　小黄是极负盛名的"侗歌窝"，素有"歌的故乡，歌的海洋"之称，不论是男女老少，人人都爱唱古老的多声部侗族大歌。村里现有歌队20多支，队员1000多人，不仅有姑娘队、罗汉（男青年）队，亦有娃娃和老年队。他们以唱歌为乐，以唱歌为荣。小孩从牙牙学语起，父母就开始教他们唱歌，女童五岁开始穿裙子，也就开始与伙伴一起自由组成歌队了。歌队由歌师来带和教。歌师的教学是无偿奉献，而乡亲们却视为极神圣的职责。歌师对歌队进行严格的训练，她们除了田间耕作、家务劳动外，整日带着歌队，直到这群女孩子长到十七八岁出嫁为止。在小黄，没有一个儿童不进歌队的。不论男女，婚前经过十几年的训练，婚后仍然加入歌队，直到年迈唱不动为止，不少家庭三代人都分别在不同年龄和不同性别的歌队里，这些歌队在鼓楼里的长凳上都有位置。1989年，县政府还在小黄小学开办了民族班，开设侗歌课，教学生侗歌，吸引儿童进校学文化。这是全县唯一开设过侗歌课的学校。

　　侗歌按曲调分为几个派系，小黄侗歌侗族地区称为"嘎小黄"。至今，小黄流传着

小黄侗寨

歌窝小黄

大量的侗族民歌，丰富多彩，远近闻名，如男女对唱的情歌、大歌、琵琶歌、蝉歌、拦路歌等，其中最为著名的是侗族大歌。它是一种无乐器伴奏、无人指挥的多声部合唱，高、中、低音浑然一体，以其和声的完美协调、格调的柔和委婉、旋律的典雅优美著称于世。唱大歌时由一人领唱，众人合唱，声音时而高亢宽广，时而低沉悠扬，不时听到鸟叫蝉鸣、江河奔流、山谷回响的声音，把听众带入到如诗如画的大自然意境中。娃娃队童声单纯嘹亮，天真活泼；姑娘队的歌声清纯如水，慢慢注入在场的每个人的心

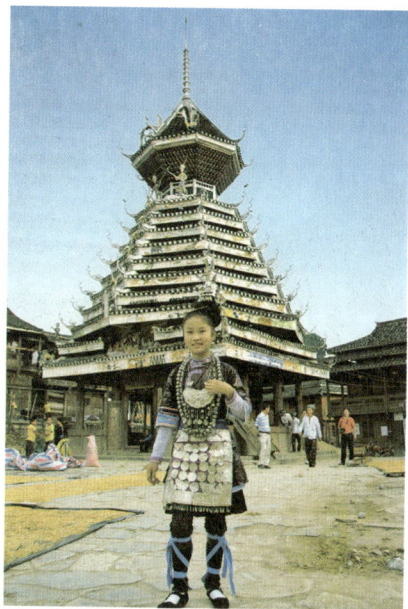

小黄姑娘与鼓楼

田；罗汉队的声音浑厚如山，似穿过天地万物，给人一种神奇的享受，进而产生莫名的冲动。不少到小黄考察的专家、学者听了侗族大歌后，都为其完美的天然和声拍案叫绝，认为这种祖辈流传下来的合唱绝响是一般合唱演员难以练出来的。

　　在小黄，处处有歌，事事有歌。喜庆节日，以歌相贺；男女相恋，以歌为媒；生产生活，以歌传言。每逢节日庆典，人们身着节日盛装，相聚在鼓楼对歌，用歌传情，用歌讴颂盛世丰年；当夜幕降临，侗家姑娘、小伙三三两两相邀到村口、溪边，一边弹琵琶，一边唱着优美的情歌，歌声穿过夜空，划破宁静的山乡，像在叙说一个古老而优美的爱情故事。

　　小黄侗族大歌从上世纪 50 年代起，就多次参加全国会演，走向全国。近几年来，还冲出山门，走向世界。上世纪 50~60 年代，小黄歌手最具典型代表性的有吴仕雄、潘锦仁、潘大安、潘光才、潘凤高等，特别是女歌手吴奶娓花，不仅精通大、小歌，还能自弹自唱，只要她听到外地唱的侗、苗歌，学几遍就能唱，音调准，音不走样。1958 年，小黄歌手吴大安等排演的侗戏《珠郎娘美》赴云南大理参加全国少数民族戏剧调演，获优秀节目奖；1964 年，小黄歌手在北京参加全国少

小黄鼓楼大歌

数民族群众业余艺术观摩演出，受到毛泽东、刘少奇、周恩来等党和国家领导人的亲切接见并合影留念；1982年，小黄男声大歌队潘显太、潘显华、潘凤祖等，赴广西南宁参加了全国少数民族多声部座谈会；1985年，小黄男声大歌队吴卫东、潘老天等，进京参加了"贵州省侗族古建筑、风情展览"迎宾演出；1994年6月，潘美浩等5名9~12岁的小黄小姑娘代表侗族参加了"94北京国际少儿艺术节"；1995年"六一"儿童节，又是这5位侗家小歌手，应邀赴京参加了中央电视台"六一"晚会现场直播；1996年6月，吴培建、潘艳月等5名小黄小歌手，代表侗族少儿在北京参加了中央电视台庆祝"六一"《太阳的心愿》文艺晚会，演唱多声部的无伴奏侗族大歌，大获成功，轰动京城，她们的演出巨照至今尚挂在中央电视台的演播大厅；同年7月，吴培建等四名侗族少女组成的小黄少儿侗族大歌队随中国民间艺术团赴法国演出，在巴黎演出13场，场场爆满，轰动号称艺术之都的巴黎，受到了法国外长夫人的接见，侗族大歌从此登上了国际艺术的大雅之堂。

为了进一步弘扬民族文化艺术，更好地展示"侗歌之乡"的魅力，1996年9月27日，小黄举办了"首届民族民间艺术节"。参加侗歌比赛的女队17个，男队3个，年龄最大的80岁，最小的8岁。艺术节期间，吸引了来自各地的许多观众，其中包括从贵阳和台湾远道而来的客人，球场、大街小巷挤满了观众，人海如潮，盛祝空前。

随着改革开放的不断深入，小黄侗族大歌的名声越来越大，吸引了众多的国内外客人。

● 木排漂在三门塘 ●

深藏于苗岭腹地清水江畔的天柱县坌处镇三门塘，是个拥有丰富文化内涵的侗族村寨，其中尤以多姿多彩的树文化、别具一格的水文化、历史悠久的石文化最为迷人，堪称北部侗族地区民俗博物馆。

三门塘坐落于沅江上游之清水江畔，由三门塘、三门溪、乌岩溪和喇赖寨等4个自然寨构成一个行政村。全村全是侗族。村民分属19姓，以王、刘、吴3姓居多。村民相传，先人在此安家，已有500多年历史。

进入三门塘，呈现在眼前的是清一色的青石板路面，偶尔夹杂着用鹅卵石精心镶嵌出的铜钱纹、太极纹等吉祥图案，其中尤以鱼骨纹居多。三门塘侗族老人介绍，因为"鱼"和"余"同音，路面铺成鱼骨纹富有寓意，象征兴旺发达。

三门塘目前保存较好的宗祠有王氏宗祠和刘氏宗祠。其中王氏祠堂为传统四合院窨子屋，风格古朴，祠堂牌楼上部的浮雕，是9棵大白菜，中间有3个砖刻大字——"太原祠"。据说王氏祖先原是太原的望族，

三门塘侗寨

因故迁至此地，为表自家清白，遂在祠堂牌楼上方雕上大白菜，祠堂也取名"太原祠"，表达他们对中原故土的怀念。在王氏宗祠不远处，耸立着一栋外形与这个山寨极不协调的建筑，一眼望去，第一感觉便是教堂，这就是具有哥特式建筑风格的刘氏宗祠，祠堂的正面及左侧为高层牌楼式结构，而外墙上的浮雕泥塑则极具西方特色。正门上方雕着一只老鹰，窗户都修成了西式半圆拱形窗，牌楼上方还有一个石刻的大钟。此外，大门正面的外墙上还有两副拉丁字母联语，至今无人能破译。

三门塘及其附近一带，盛产林木。史称"苗河"的清水江由西南向东北流经三门塘，水运十分便利。历史上，以锦屏、天柱间的洋渡溪为界，将清水江分为内外江。上游之茅坪、王寨、卦治为内三江，下游之清浪、坌处、三门塘为外三江。外地木商若要采购内江木材，须由外江村民代办。因此，三门塘成为内外江木材集散地。木商中有所谓的镇江帮、临江帮、黄州帮、徽州帮、花老帮、五湘帮等等。为接待各路木商，三门塘建有 20 多家"木行"，除为其伐木、采购、扎排、放排外，还提供食宿方便。各帮制有特殊"斧记"，凭记经营木业，相当于今天的商标。在曾开设"木行"的王起文、王枝葵宅檐柱上，仍清晰可见"同兴"、"德大"、"顺德"、"大有"、"德友"、"同乐"、"泰和"、"生发"、"谦益"、"茂益"、"兴茂福"、"兴茂永"、"兴茂怡"、"义和顺"、"双合兴"、"永泰昌"等斧记。

三门塘天然树种主要有杉木、楠木、榉木、银杏、红豆杉等。虽经多年砍伐，但由于侗民素有植树造林的传统，迄今森林覆盖率仍在75%以上。村头寨尾，名木古树举目皆是，其中 68 株"保寨树"已被村委会挂牌保护。

三门塘三面环水，溪流纵横，村民自古与水结下不解之缘。

关于"三门"的来历，有两说与水有关。其一是因为寨内原有鱼塘多口，且辟有东、南、西 3 座寨门，所以叫做"三门塘"；其二，人口最多的王氏先人祖籍湖南黔阳三门潭，溯江打鱼而上，定居于此，因"潭"、"塘"音近，讹为"三门塘"。

三门塘人确实靠水吃水，凭借清水江及附近支流三门溪、喇赖溪等若干小溪生息繁衍，创造出别具一格的"水文化"。

以下数字令人称奇：三门塘有水码头 5 座，石拱桥 6 座，石板桥

10座，莲花塘17口，古泉井20余眼，保爷桥100多座。这些与水有关的建筑物，皆为水文化的物质载体，是观察和研究三门塘历史遗存的实物资料，具有文物价值。

三门塘的石拱桥、石板桥以及桥头两端的石板路，全以青石铺墁，整齐划一，光可鉴人，记载了三门塘的沧桑历史、似水流年。"修数百年崎岖山路，造千万人往来之桥"等朴实的碑刻文字向世人诉说着三门塘前人修桥铺路的义举。

三门塘现存各式各样的古碑，形成了具有悠久历史的"石文化"。

据不完全统计，现存各种古碑300余通，主要为设渡碑、造船碑、架桥碑、铺路碑、建庙碑、掘井碑、办学碑、修墓碑等等。一个占地仅8平方公里的少数民族村寨竟拥有数量如此之多的古碑，这在贵州是绝无仅有的。

三门塘的古碑，全以青石刻成，体量普遍硕大。其中最大的一通高4.2米，宽1.53米，厚0.09米，人称"清江一绝"。

三门塘人对碑极为崇敬，屡有以鸡鱼祭碑者。村民素有保护古碑的传统。许多古碑被集中安置在一起，或建石龛，或修碑亭，妥为保

三门塘碑林

三门塘宗祠

护。若干古碑，与古树、古桥、古井、古道、古塘、古庙，紧密结合，相得益彰，构成一道道既庄严凝重又生机勃勃的侗寨风景线。

"三门塘碑林"已经被公布为文物保护单位。

● 美丽山寨：大利 ●

大利是一个美丽而朴实的侗寨，距县城榕江大约 23 公里，全村共 238 户人家，全部是侗族。大利掩映在连绵群山之中，仅有一条公路延伸到这个幽静的侗寨边。寨子四周古树环抱，林木葱茏，仅古楠木树就有 400 多株，体现着这里的人们与自然和谐共处的淳朴观念，也遵循着侗族"古树护寨"的固有传统。

由于处在大山深处，极少受外界干扰，大利侗寨显得宁静而安详，透出一股无与伦比的美。站在寨边高处俯瞰大利，鳞次栉比的侗族青瓦木楼尽收眼底，一条清澈的小溪自南向北流淌贯穿整个寨子，给这个宁静的侗寨带来了流动的气息。大利有着侗族村寨所具有的一切特征，鼓楼、风雨桥、禾晾彰显这个侗族村寨深厚的民族文化底蕴。寨子中间伫立着一座鼓楼，虽不气派，却显得朴实沧桑，它承载着大利发展的历史，悄无声息地述说着不为外人所知的悠远故事。围绕着大利寨子有五座大大小小的风雨桥，岁月的洗礼使得这些风雨桥同样不显华丽，但很顽强，静静地横跨在溪沟的两边，默默地为大利迎来送往。进入寨内，一条建于清乾隆58年的石板古道蜿蜒于寨中，整洁干净，青石铺砌的小道见证着大利侗寨几百年来的风风雨雨。大利寨边还分布着五口用青石条砌成保留完好的古井，明澈清冽的股股泉水从井内流淌而出，为这里的人们提供源源不断的生活用水。寨子中仅存的具有汉族风格的侗族四合院不但体现着这里侗族先民的生存智慧，同样彰显大利侗寨对外来文化的包容和吸纳。

古树掩映中的大利

大利全貌

大利古井

小溪穿寨而过

大利的纯美还在于这里的人们非常友善。不论男女老少，若是遇见外乡客人，他们都会微笑着对你注目点头，然后腼腆地走过你身边，有时也会停下来问问你从哪里来，或是需要什么帮助，处处体现侗族人民千百年来形成的内敛友善和热情好客的个性。这里的老人大多不会说普通话，但当你跟他们一起坐在花桥上、门槛上、台阶上时，他们都会爽朗笑着半汉半侗地跟你讲很多，不论你是否能听懂。不过，有时候，听不懂也是一种美，因为你可以从明亮的眼神里看到他们宽广的胸怀和如溪水般透亮的心境。

随着社会的发展，大利这个居于大山之中的侗族村寨也渐渐热闹起来了。昔日简易的进村公路被改造成了柏油路，寨中的泥土小路变成了鹅卵石镶嵌的花道，电视机、摩托车等也跟着来到这个幽静的寨子。所有变化是渐进的，大利人在努力适应这由山外涌进来的变化，也在悄然享受着这些变化带来的好处。但大利不变的是这里人们宽广热情的心境和那依旧时时从寨中飘荡而来的优美侗歌，作为民风淳朴的侗族村寨，大利用有别于他人的气质吸引着大山外面的人们。交通的发展，为大利带来了一批批慕名而来的客人。人们正用惊奇的目光审视着这个沉静的美丽山寨，期望从大利人的微笑中解读出藏在他们心中的百年梦想。

DONGXIANGYINGHAO
侗乡英豪
传美名
CHUANMEIMING

● 赶石头的吴勉王 ●

　　吴勉（1334~1385），元末明初五开洞（今贵州省黎平县中潮镇上黄村兰洞寨）人，侗族农民起义领袖。

　　相传吴勉出生的时候一群雀子飞到他家屋顶上，红光围绕着房屋，异香布满了全寨。他从娘胎里带着两件宝贝来到世上：左手拿着一本书，右手拿着根小鞭子。刚落下地就会喊爸爸妈妈，三岁就敢光着屁股满山跑，老虎豹子也不怕，五岁的时候就骑在牛背，赶全寨的牛上山吃草。

　　有一天，吴勉上山去放牛，他发现靠近寨边的草都给牛吃光了，于是他想把牛赶到后龙坡去，因为那里的草既多又好，可以让牛吃个饱。但是那后龙坡全是悬崖陡壁，虽然那里的草又好又长，之前从来没有人上去，更别说牛了。虽然如此，吴勉还是不甘心，

决定去试试，于是他骑在牛背上，拿着小鞭子赶牛来到了后龙坡边，但是牛始终爬不上去，有的才爬上几步又摔了下来……吴勉发火了，把鞭子往岩石上狠狠地拍了几下，说也奇怪，山上的岩石见到他的鞭子抽来，都往两边乱滚。吴勉非常高兴，不停地挥舞着他的小鞭子，把阻挡道路的岩石都赶到一边去了。就这样，吴勉顺利地把牛赶上了山，让所有的牛吃了个饱。

日子一天天过去，吴勉长大了，成了个身材魁梧的小伙子。在吴勉十八岁的那年，天大旱，粮食颗粒无收，到处有人逃荒……可是当时的皇帝和官家不顾老百姓死活，逼着要租要粮。当地百姓在这种饥寒交迫、妻离子散、无路可走的情况下，发动了武装抗粮。每个侗族寨子鼓楼里都响起了咚咚的鼓声，寨上的妇女们、老人们为了大家能够活下去，眼中含着泪水，送自己的丈夫和儿子去抗击官家。这支起义队伍很勇猛，打得官军落花流水，当时的黎平府府台大人见势不妙，想出阴谋诡计，说是要召集义军头领谈判，减免租粮。吴勉的父亲作为寨老之一，前去府衙谈判，结果被打下死牢，最终冤死狱中。

吴勉听到父亲被害的消息后，悲痛万分，召集起义队伍，发誓打倒和推翻腐朽的官府，争取活路。吴勉率领的义军势如破竹，一度占领今湘、黔、桂三省交界的广大地区。明太祖闻后极为恼火，立即命令楚王朱桢挂帅，发大军镇压。

吴勉早有准备，派人四处打听消息，听说皇帝派来的队伍已逼近从江县的八洛，想往黎平推进。为了减少弟兄们的伤亡，尽量不和官家的军队正面交锋，他自己拿着赶山鞭，从岩石最多的羊角岩上，把岩石像猪羊似的赶着往前跑，一路上走得很顺利，一块块岩石滚滚

传说吴勉赶过的石头

地由羊角岩经过佳所、永从、顿洞来到信洞坎。传说他想要把这些岩石赶到从江县的八洛，在八洛河上游筑成一道大水坝，官家的军队来时，只要把大水坝一拆，滚滚的洪水就会淹灭官家的军队。但是吴勉刚把岩石赶到信洞坎时，碰到寨上的一个姑娘，他就问道："你见我赶的猪羊走到哪里去了？"那姑娘回答说："我没见到你有什么猪羊，见到的只是一些死石头。"姑娘的话音刚落，那些岩石便都停在原地不动，再也赶不走了。吴勉气极了，伸手往那姑娘脸上一巴掌打去。姑娘把头一低，

吴勉坚守过的城墙

吴勉的巴掌打在她的头发上，把发髻打偏在一边。从此以后，这一带妇女头上的发髻，再也不能盘在头当中了，传说是吴勉打偏了的缘故。由于吴勉把岩石从羊角岩赶到了信洞，所以信洞那边的岩石就多了，信洞坎也就变成了整整齐齐的岩石坎子，直到如今当地人还叫它为"吴勉崖"。

起义队伍在和官家军队正面交锋中，战斗一次比一次激烈。吴勉率领的义军最终因敌人力量太大，众寡悬殊，只得边打边退。残暴的敌人，走一村杀一村，过一寨烧一寨。最后，起义队伍被包围在黎平府南面的岭迁寨上。敌人包围越来越紧了，口口声声要活捉吴勉。寨上的老人要吴勉突围出去，躲到深山里去避风头。吴勉为了安慰这些好心的父老，在岭迁寨上随手拔了一根树苗倒栽在地上说："如果这棵倒栽的树能够活，我就不会死；如

吴勉战斗过的地方

果这棵树苗栽不活，那么要跑也跑不了。"不料这棵倒栽的树竟活了。老人们见到倒栽的树都能够活，战胜敌人的信心增强了。有一天黑夜里，起义队伍终于利用一个机会，找了个敌人力量薄弱的地方，突围了出去，安全地转移到另一个寨上。直到现在，岭迁寨上还长着一棵古老而奇怪的大树，远远望去，只见树枝树叶是从地下长出来的，树尖都是往上翘的，而树根却好像在顶上，当地人都叫它吴勉树。

经过无数次激战，吴勉起义失败了，被迫转移往山上。传说他是练神兵去了。官家的军队包围吴勉住的地方好久，都听不到吴勉的消息，就爬到信洞石坎子上去找。可是找来找去，只见一座高耸入云的大石山，连吴勉的影子也找不到。

一年年地过去了，吴勉的消息还是听不到。侗寨上的老人们每年都要派人去信洞坎探听吴勉的消息。每个去信洞坎回来的人，都讲到在信洞坎岩石上，见到一个岩洞，洞口只能容一个人侧着身子进去，洞里有金子做的酒杯，银子做的碟子，宝石做的盆，金珠宝贝遍地放光。但是这些宝贝都不能拿出来，谁要拿了洞里的一件东西，洞门就小了，人就走不出来；要是丢下东西洞门又稍大一点，侧着身子可以出来。

这个消息被贪心的府台老爷知道了，他亲自带了一批差役来到信洞坎，爬到山上，找到了岩洞，一个个侧着身子进去，把洞里金银宝贝装了几十口袋。但是洞门小了，没有一个人出得来。府台老爷在洞里急得直跳，连忙派人去找石匠用凿子把门凿大一些，但是石匠用凿子一凿，轰隆一声响，洞门完全关起来了，贪心的府台老爷和一些奴才便永远关在洞里出不来了。现在到了信洞坎，还可以看见像一扇大门似的岩石，堵在山门口。

吴勉起义虽然失败了，但他的英雄事迹却被侗族人民世世代代传颂。至今侗族地区仍然流传着关于吴勉的许多神话传说。

在黎平县信洞溪西面山腰上，还有一个著名的溶洞被称为"吴勉洞"，深约 1000 米。洞内别有洞天，洞外草木丛生。据传吴勉起义时经常藏身于此，所以叫做"吴勉洞"，又称"吴勉石屋"。

● 起义将领姜应芳 ●

皇家派粮派款，我们要抵挡，
因为我们侗家，有个姜大王。
　　　　　　　——侗族民歌《姜大王》

　　姜应芳（1833~1862），侗族农民起义军首领。道光十三年（1833年）五月出生于贵州省天柱县邦洞镇垄溪寨的一个贫苦农民家庭，从小疾恶如仇，具有侠肝义胆。在反抗清朝封建统治的过程中，他英勇善战，冲锋陷阵，威震敌胆。道光二十年（1840年），其父姜老毛被地主胡兴发勾结县官潘光泰以拖欠"皇粮"为由囚死狱中。他八岁起就给戈寥寨地主放牛，夜晚在月光下跟祖父姜思引（清代武生）习武念书。十三岁那年，他身染天花，家里无钱医治，断粮断炊，官府却天天上门逼交"皇粮"。他祖父苦苦向官差哀求，穷凶极恶的差头不仅不宽限，还如狼似虎，将他祖父活活打死，他的母亲也同时被打成重伤，不久便含恨离开了人世。为报这血海深仇，他毅然离乡，前往湘西学习武艺。

美丽的侗寨

　　咸丰元年（1851年）正月，姜应芳练就成一身硬功夫回到家乡。咸丰五年（1855年）他在织云秘密创立"天地会"（后称"金兰会"），宣传"反清复明"和"均贫富"的主张。远乡近邻的穷苦百姓纷纷响应，当即加入"天地会"的有姜作梁、龙海宽、杨精沆、杨连元、杨长春、杨通甲、杨起鹏等数百侗族农民，还有以杨日焕为首的开明士绅亦参加了该会。这年三月二十日，姜应芳率领广大贫苦农民在织云关帝庙前举行起义，发布讨清檄文，提出"大户人家欠我钱，中户人家莫乱言，小户人家跟我走，打倒大户来分田"的纲领。起义军攻进归东寨，没收了大地主潘乙贵的粮食和财物，分给贫苦农民。起义队伍很快发展到一千多人，姜应芳率起义军乘胜前进，直捣天柱县城，途中于赖洞桥一举将知县董文炳派去镇压起义军的清兵击败。当天下午，清军大队援军赶到，双方进行了一场激烈的血战，最后起义军退守织云，随即转移到梁上、巴冶一带，全部化装，分头活动。十一月，起义军攻占锦屏县城。咸丰六年（1856年）他与苗族起义军领袖张秀眉取得联系，在张部将李恒吉的帮助下，咸丰七年（1857年）九月攻克瓦寨。咸丰八年（1858年）五月，他联合廖洞陈老七领导的"教军"进攻天柱，占领石榴坡、沙子坡，歼灭了守敌和前来增援的湘军。这年秋，

侗族村寨的生态环境

太平军将领平靖王李文茂率军进驻锦屏，与姜应芳会师。咸丰九年（1859年）八月，翼王石达开出靖州进锦屏，封姜应芳为"奉天伐暴反清复明统领义师平王"。咸丰十年（1860年）九月，姜应芳安排龙海宽以"白莲教"名义在石洞坝平召开会议，决定进军大计。咸丰十一年（1861年）四月，姜应芳、张秀眉侗苗联军四万余人分三路直取天柱县城，经过皮厦、汉寨，地主武装保安团首龙燕昌率地主武装在羊峡一带狙击义军前进，义军将其包围，围歼团丁一百多人。义军随即翻都岭，过地笋，下润松，紧逼天柱城。知县谢绍曾派人议和，姜应芳回复："若要义师不攻城，依我义师八条令：毋再刮剥我百姓，勿得残害我生灵；交出参将宗发开，交出恶头杨春芬，交出恶头姚金川，交出恶头赵门正（此三人均为地主武装头子）；富珠隆阿（都司）来俯首，谢县老爷交印凭。八件事情要办到，少了半件也不行！"谢绍曾等人看后，魂不附体，束手无策。

咸丰十一年（1861年）四月二十三日，姜应芳率义军攻入天柱城，谢绍曾和富珠隆阿化装潜逃。

同治元年（1862年）五月，起义军作出北上、南进、西征进军计划。六月二十一日，姜应芳在邦洞召开誓师大会，留杨日焕守天柱城，其余将领分三路向湖南进军，在玉屏城下与清军激战数日，击毙官军三千多人。义军乘胜而下，克晃州、阮州、会同等地。义军所向披靡，三湘震动。湘军告急文书雪片似地飞往京城，清廷急令湖南巡抚毛鸿宾调集湘中堵截太平军的"飞、靖、和、锐"等三十二营湘军，配合曾壁光十六营黔军镇压起义军。七月，湖南巡抚毛鸿宾率湘军进犯天柱，贵州巡抚韩超率部由镇远攻邛水和清溪县，天柱县城失守。清军以洋枪、洋炮猛攻，义军伤亡惨重，加之叛徒出卖，姜应芳被俘。姜应芳被押赴铜仁，由镇远知府曾壁光和铜仁知府陈昌运"会审"，当知府审问姜应芳是否投降时姜应芳回答："若要我投降，难于上天摘太阳！"再问他还反不反？姜应芳回答："若要我不反，除非地上石头烂！"清政府无奈，以酷刑将其杀害，终年29岁。

● 北伐名将王天培 ●

北伐名将——王天培

三民主义兮，素所钦服。

为国革命兮，奔走呼号。

凡我同胞兮，皆应有责。

——王天培《归宁歌》

王天培（1888~1927），原名伦忠，字植之，号东侠。贵州天柱县人，侗族，国民革命军著名将领，北伐名将之一。

王天培于 1888 年 12 月生于贵州省天柱县织云，因家中贫寒，王天培 8 岁时就跟随父亲去为当地大户龙大楷挑运粮食，龙大楷看王天培太年幼，觉得可怜便把他收到自己门下，当亲生儿子般对待，并让他到自己开设的私塾读书。后来王天培考入官立贵州陆军小学堂，后升入武昌陆军第三中学求学。

王天培求学时期正是辛亥革命爆发前夜，他加入了同盟会，投身革命。王天培精于韬略，智勇兼备，往往出奇制胜，重创强敌，表现出卓越的军事才能，深为孙中山器重。王天培军旅生涯创造了四次奇功。

一是武昌起义中，被战时总司令黄兴任命为凤凰山要塞司令。辛亥革命胜利后，因立有军功，被送入保定军校深造。

二是在讨伐袁世凯复辟帝制的护国战争中，他身为营长，创造了以一营之兵胜一旅之敌的奇迹，打得袁军旅长马继增无路可逃而自戕。

三是 1921 年秋，沈鸿英伙同陆荣廷暗通北洋政府，据广西作乱，孙中山下令讨伐。已升为团长的王天培奉命出征，再次创造奇迹，以一团之兵败柳州叛军一旅之众，被孙中山任命为中央直辖黔军第一独立旅旅长，后又晋升师长。

四是为消灭北洋军阀势力，1926 年秋，他率部出征，在湖南洪江誓师北伐，被国民革命军事委员会任命为国民革命军第十军军长兼左翼前敌总指挥。

王天培仅用十四天时间，就取得徐州大捷，是役歼敌八万余众，俘敌两万余名，击落飞机五架，摧毁和缴获铁甲车五十余辆及无数辎重。

徐州战役是北伐几大战役中的一次大战役，意义重大，敌军胆寒，全国振奋。为此，各地举行了隆重的庆功会，各报竞相报道，将王天培的十军和叶挺的独立团并称为铁军。

就在王天培乘胜进军的时候，他却一连接到了蒋介石的两道紧急命令，一道是命他"停止北伐，火速回师讨逆"，另一道是密令他"捕杀军中共党分子"。

王天培画像

王天培坚持国共合作，捍卫三民主义，拒绝了蒋介石的两道命令。他将军中共产党员和共青团员秘密送到安全之地，隐蔽起来。后来，这批共产党人大都参加了"八一"南昌起义。之后，王天培公开发表了《告本军全体武装书》："亲爱的武装同志们，我们已经消灭了北洋军阀大部主力，北伐成功的日子已为期不远。而在此大好形势下，我革命阵营内发生了不该发生的权力之争，致使北伐停止。对此，我全体同志务必要有清醒认识：北洋军阀投靠帝国主义，出卖中华，荼毒民众，乃为中华民族之死敌，我们应该坚决消灭之，而不应该回头打内战。"对此，蒋介石密命总部扣发十军粮饷，企图以此使第十军陷入饥馑而土崩瓦解。这时，北洋军乘机反攻。王天培孤军奋战，粮饷无着，面对敌人的猖獗反攻，在延绵数百里的战线上与敌人反复争夺，终因寡不敌众，损失惨重，最后徐州失手。

这个时候，宁汉分裂演变为宁汉合流，蒋介石反攻徐州，志在必得，然而由于他指挥失误，而招致大败，敌乘势发起全面反击，蒋介石全线溃退，逃回南京。

蒋介石兵败徐州，损失重大，引来一片责难。为了开脱自己，他将徐州兵败的责任一股脑儿推给了王天培。

就在蒋介石逃回南京之后，于 1927 年 8 月 8 日，电召王天培赴南京"面商机宜"。王天培不知蒋介石欲嫁祸于他，遵命前往，一到南京，即被扣留。被扣的罪名有三条：一是"安处后方，致前线无人指挥"；二是"及至退却，又先潜返宁垣"；三是"饷糈经理无绪"，致使"节节失利"、"牵连全局"。于是，南京军事委员会以"送王将军去西湖疗养"为名，将王天培秘密转往杭州，于 1927 年 9 月 2 日凌晨将王天培秘密杀害于杭州西湖。是年，王天培 39 岁。

王天培遇害后，当时的《武汉晚报》、《铁嘴报》、《湖口快报》等报相继发表文章，皆为王天培鸣冤叫屈。其中有《莫须有三字何以服天下》为题的文章，详尽地叙述了徐州兵败的详情，公开揭露了蒋介石之流排除异己的内幕。

王天培遗孀朱竹君、吴学粹（又名吴德华）痛失夫君，为夫鸣冤。她们在致国民政府的辩冤状中以无可辩驳的事实说明了王天培的冤情，强烈要求为王天培昭雪。但是国民政府一概置之不理。于是，人们便自发地数次组织起来为王天培举行追悼会。

王天培被害后，第十军部分军官及亲友将王天培遗骨启迁上海，首次于上海法租界举行公开追悼会。其中有联云："伤心二字莫须有，回首一棺归去来。"

1928 年冬，接任十军军长之职的杨胜治率部攻下南京，在荣安追悼王天培及十军所有阵亡将士。

迫于种种压力，国民政府不得不于 1931 年 8 月 5 日为王天培昭雪，闪烁其词地说王天培的死乃"有人妒贤嫉能，谗言惑上"。承认王天培"蒙冤受害"，表示"悼

王天培将军故居

惜良涕"。表彰王天培"忠勇双全，夙娴韬略，历著当勋"。追授他为陆军上将，"给恤其家属二十年，每年领洋八百元"。

1929年10月，人们又将王天培遗骸由上海启迁天柱，安葬于距天柱县城不远的铜鼓坡。王天培遗骸临近天柱时，全城士、绅、农、工、商、学生及亲友皆披麻戴孝，夹道迎柩。

追悼会上，挽联如云，满城恸哭。"革命十六年，功在东南半壁；牺牲成一旦，名留竹帛千秋。""北伐苦功，中国有几，中央有几；血战徐州，天下一人，天柱一人。""血战徐州纵横扫荡三千里；魂归桑梓泪落满城百万家。""叱咤一声惊万马，风波千里哭长亭。"数不尽的挽联，寄托了人们对一代名将的无限哀思，表达了人们对刽子手们的刻骨之恨。有人撰作悼文：

昔岳飞遭秦桧之害，被十二道金牌召去，惨死于杭，时年三十九岁。今将军生于戊子年十二月，被害于丁卯九日，亦三十九岁。奸党之害，列事之惨，惨死之年之地，均与岳王相同，真前有岳王，后有将军也……

王天培被蒋介石扣留之时，曾面对蒋介石的所谓审讯斥责道："得道者得天下，失道者失天下，古今中外，概莫能外，总司令好自为之！"这句话终于为时间所印证，而闪耀着爱国主义光芒的王天培将军却虽死犹存，人们永远怀念他。

王天培《归宁歌》

吾为党国兮，十年有六。三民主义兮，素所钦服。为国革命兮，奔走呼号。凡我同胞兮，皆应有责。有形无形兮，革命工作。竭尽心力兮，求达目的。适得其反兮，忽遭横祸。哀我将士兮，万里从征。枵腹从公兮，惨无人知。津浦国道兮，独立支撑。孙、张合力兮，混以白俄。白俄铁甲兮，搏以肉体。孤军奋斗兮，两月余矣。敌众我寡兮，弹尽粮绝。昼夜鏖战兮，精疲力竭。再接再厉兮，不惜牺牲。死伤枕藉兮，惨目伤心。实情实境兮，有耳应闻。是非混淆兮，公理沉沦。青天白日兮，惨淡烟云。人心不古兮，悲歌慷慨。恶有未尽兮，恶潮澎湃。东海沧浪兮，吾宁速归。卫士环伺兮，不忍弃之。仰天长叹兮，失复何为？杭州道上兮，武穆徒悲。人生至此兮，万念俱灰。

● 龙华英烈龙大道 ●

　　龙大道，又名康庄，字坦之，侗族，1901 年 10 月生于贵州省锦屏县茅坪村一个木商家庭。

　　龙大道自幼聪明，7 岁便进入私塾学习。辛亥革命前后，龙大道先后在茅坪小学、天柱中学读书，受爱国知识分子、同盟会会员吴志宾及黄竺笙宣传民主革命主张和进步思想的熏陶，逐步懂得剥削与被剥削、压迫与被压迫的道理，立志要反抗民族压迫、铲除不合理的社会现象。"五四"运动前后，龙大道积极参加学生爱国活动，曾联络学友帮助经济困难的同学，主张"有书同读，有苦同吃"。

　　天柱中学毕业后，龙大道外出求学去到武汉，考入"私立武昌中华大学附中"读书，他阅读了大量宣传新文化、新思想的进步书刊，多次聆听武汉学生运动领导人、该校教务主任恽代英的训话讲课，受其进步思想影响甚深，进一步唤起了变革现实、追求进步的爱国主义热情。龙大道积极参加武汉各界的爱国示威活动，开始懂得了只有广大民众联合起来，才能取得革命胜利的道理。1922 年，龙大道从武汉前往上海，考入邓中夏、瞿秋白等共产党人负责的上海大学社会学系。在那里，他听过李大钊、邓中夏、张太雷、蔡和森、萧楚女等人的授课，阅读了宣传马克思主义的革命刊物，较系统地学习、研究了马克思列宁主义的革命学说，思想发生很大转变。1923 年 11 月，龙大道光荣加入中国共产党。为纪念自己政治生命的新生，龙大道将原名"康庄"改为"大道"，以示矢志不渝为党的事业奋斗终生的坚强决心。1924 年，龙大道受派赴莫斯科东方大学学习深造，他认真学习马克思主义基本原理、俄国革命史、苏维埃建设和工人运动史、西方革命运动史、中国革命史等主要课程，接受正规的军事训练，使其理论水平和组织领导才能迅速提高。

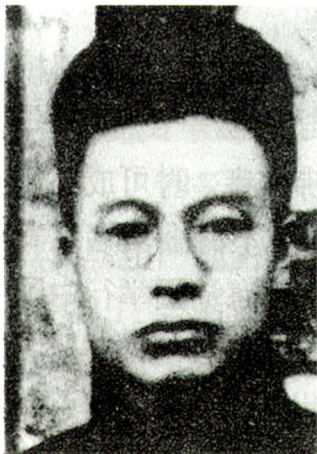

龙大道烈士

　　1925 年 6 月，龙大道等按党组织要求提前回到上海，积极投身"五卅"运动。

7月，龙大道被上海党组织安排到上海总工会曹家渡办事处工作，参加领导上海工人运动，开始了以组织工人运动为主的革命生涯。

　　1926年5月，中共上海区委任命龙大道为曹家渡部委书记兼部委职工运动委员会负责人，组织领导上海中华书局职工的罢工斗争。下旬，龙大道在上海河南路附近被警探抓捕，后经党组织营救，获保释放。9月，龙大道调任上海总工会组织部干事，具体抓工人纠察队的组建工作。10月，上海工人举行第一次武装起义，龙大道担任闸北地区指挥。1927年元月，龙大道等9人被选为上海总工会常委。2月，上海工人发动第二次武装起义，龙大道率工人纠察队同敌人展开殊死搏斗。由于敌疯狂镇压，两次武装起义都告失败，但斗争在革命群众中却产生了很大影响，进一步推动了上海反帝斗争的蓬勃开展。1927年3月7日，中共上海区委改组上海总工会内部组织机构，龙大道任经济斗争部负责人。3月21日，在陈独秀、罗亦农、周恩来、赵世炎、汪寿华等组成的特别委员会领导下，上海工人举行了第三次武装起义，周恩

英雄群像

来任总指挥，龙大道作为上海总工会的负责人之一，领导与指挥闸北区工人起义，组织工人纠察队同敌人进行激烈战斗，攻下第五警察署、东方图书馆、北火车站等重要据点。经过 30 多个小时的浴血奋战，上海工人占领了租界以外的全部地区，用鲜血和生命夺得了第三次武装起义的胜利。这次起义的胜利，沉重地打击了帝国主义和买办资产阶级的嚣张气焰，充分显示了中国工人阶级的力量，同时也展示了龙大道为革命出生入死、奋不顾身的斗争精神和杰出的组织领导才能。3 月 27 日，在上海工人代表大会上，龙大道被选为上海总工会执行委员、常务委员、经济斗争部部长。1927 年 4 月 12 日，蒋介石发动"四一二"反革命政变，大肆屠杀共产党人和革命群众，查封上海总工会。为抗议蒋介石的倒行逆施，上海 20 万工人群众响应总工会的号召，举行了第三次总同盟罢工。龙大道领导工人在闸北青云路广场举行罢工集会，揭露国民党蒋介石反革命武装袭击工人纠察队和勾结流氓暗杀上海总工会委员长汪寿华的阴谋，号召工人誓死保卫胜利成果。集会过后，工人们举行了示威游行，敌人对游行队伍进行了镇压。龙大道在游行中也身受重伤。

龙大道伤痛稍好后，便离开上海前往武汉，参加 4 月 27 日在武汉召开的中共第五次全国代表大会。6 月，龙大道率领上海工人代表团参加了中华全国总工会第四次全国劳动大会，大会组成了以龙大道为主任的经济委员会，龙大道代表上海总工会讲话，介绍上海工人三次武装起义情况，揭露了蒋介石反动势力屠杀工人的滔天罪行，激起到会代表的极大愤慨。会后，因工作需要，龙大道留在武汉，和刘少奇、林育南、向警予等一起，在全国总工会和湖北省总工会工作。7 月，汪精卫发动"七一五"反革命政变，武汉大批共产党员、爱国志士、革命群众被捕杀，革命斗争被迫转入地下。龙大道化名赵庄，继续组织、领导工人运动。当湖北省总工会被破坏后，党组织安排龙大道任汉口第三区区委书记，领导武汉工人群众开展地下革命斗争。8 月，为组织汉阳兵工厂工人罢工，龙大道再次被捕入狱。面对酷刑和威逼，龙大道坚贞不屈。在狱中，龙大道创作了题为《狱中》的七言诗：

> 身在牢房志更强，抛投碎骨气昂扬。
> 乌云总有一日散，共庆东方出太阳。

他安慰鼓励探监的妻子："闹革命总免不了牺牲的危险，我们的牺牲是为了千百万人的解放，为了共产主义的实现，是值得的、有意义的。"龙大道团结狱中的战友和敌人作斗争，组织难友越狱成功，回到了党的怀抱。11月初，龙大道接任汉阳县委书记，领导汉阳的工运、农运和党团建设。11月下旬，中央增补龙大道等7人为中共浙江省委委员。12月14日，中共湖北省委召开扩大会议，龙大道被选为省委执行委员会委员。

1928年3月，在中共浙江省委扩大会议上，龙大道被选为省委委员。4月下旬，龙大道就任浙江省委工人部长，随即以教师职业作掩护，深入工人区和农户家中宣传发动开展工人运动和农民运动。5月，中共中央对浙江省委成员进行调整充实，派卓兰芳任省委书记，龙大道等五人为常委。由于卓兰芳在浙西兼任特委书记，未能到职，省委书记由龙大道代理。在主持浙江省委日常工作期间，龙大道先后组织领导了"亭旁暴动"、"永嘉、瑞安、平阳三县联合暴动"，在遂昌开展武装斗争。同时，龙大道深入基层，深入群众，调查研究，指导和推动全省革命斗争。这一时期，浙江农民运动和党组织建设得到了较快发展，温岭县仅在几个月时间内，农民协会会员就发展到数千人；并创建了中共浙南特委、浙西特委。到9月底，全省有20多个县有了党的组织，10多个县成立了县委。

1928年12月，中共中央调龙大道回上海工作。1929年1月，又派其前往安徽芜湖从事革命活动。3月，龙大道返回安徽，担任中共怀宁中心县委书记，领导安庆市、怀宁等县革命活动。8月又以全国总工会特派员身份被派到江西景德镇开展工作。在革命处于低潮的险恶环境中，工作艰苦，调动频繁。龙大道以党的事业为重，以革命大局为重，坚决服从革命的需要，从不计较个人得失，克服困难，为党的革命事业和人民群众的翻身解放呕心沥血。1930年1月，龙大道被调回上海，担任上海总工会秘书长兼上海各界人民自由大同盟主席、党团书记。先后领导了浦东日华纱厂和闸北、虹口丝厂的罢工，发动工人为争取减短工作时间、增加工资、改善生活等权益而进行斗争。

6月11日，中共中央政治局会议通过了李立三拟定的以武汉为中心的全国中心城市起义和集中全国红军攻打中心城市的冒险计划，使党为此付出了沉重代价。对此，龙大道和全国总工会党团书记罗章龙等多次以口头或书面形式向党中央和共产国际反映意见，指出李立三错误，反被扣上"机会主义"、"取消派的暗探"等帽子，受到打击和排斥。1931年1月7日，党的六届四中全会在上海召开，王明被选为中央政治局委员。王明上台后推行更"左"的冒险主义路线。为此，龙大道、何孟雄、罗章龙等工会和江苏省委及苏维埃准备委员会领导人先后多次开会，发表声明反对四中全会的选举结果及其错误决议，声明反对王明破坏党的纪律和民主，抵制王明的错误。

革命正如火如荼时，由于叛徒出卖，上海党组织遭到严重破坏，1月17日，龙大道等32位同志不幸被捕，敌人对其施以重刑，残酷折磨。龙大道等大义凛然，与敌进行不屈不挠的斗争。敌人见硬的不行，又封官许愿，利诱劝降，但龙大道等信念坚定，宁死也不出卖党和革命同志，表现了共产党人威武不屈的崇高气节。在2月7日的雪夜，龙大道等24名革命志士被杀害于龙华塔下。龙大道英勇就义时，年仅30岁。

龙大道的一生，是矢志不渝追求真理的一生，是为党和革命事业作出无私奉献的一生，他不愧为中华民族的楷模，中国工人运动的领袖，侗族人民的优秀儿女。他用自己的革命实践和宝贵生命，实现了对党的诺言。烈士的不朽业绩为我们树立了一面永恒的丰碑。

● 开国上将杨至成 ●

杨至成，侗族，1903年出生在三穗县城郊的一个侗族家庭，1919年在贵州甲种农业学校学习期间，曾参加过贵州学生声援北京学生"五四"运动的爱国游行活动。农校毕业后加入滇黔联军准备北伐。

1926年3月，杨至成在广州考取黄埔军官学校第五期，在军校经周逸群介绍加入中国共产主义青年团，次年3月转入中国共产党，接着在贺龙的二十军任连指导员。8月1日，参加周恩来、朱德领导的"南昌起义"。"南昌起义"失利后，1928年1月，杨至成又参加朱德、陈毅领导的"湘南起义"。接着参加历次保卫井冈山战斗。在战斗中杨至成4次负伤。后因伤不能带队，他调红四军任副官长，在毛泽东、朱德身边工作。后升任红军总兵站站长、军委总供给部长。在任期间，杨至成建立起红军供给线。与全国总工会委员长刘少奇合作，整顿红军军工企业，创建了红军后方基地，使红军军需产品成倍增长，使军工企业在反"围剿"战争中起到重要作用，为保卫中央革命根据地作出了贡献。

在中央革命根据地第五次反"围剿"战争中，杨至成对以博古、李德为首的冒险主义路线有不同看

杨至成将军

法，被冒险主义领导人撤销了他的总供给部长职务，受到批判斗争。这时，已被削去军队指挥权的毛泽东安慰了杨至成，并为杨至成讲了公道话，才解除了杨至成的险恶处境。

红军长征到遵义，党中央在遵义会议上清算了"左"倾冒险主义，肯定了红军反"围剿"战争中的后勤供给工作，毛泽东回到红军的领导岗位，重新起用杨至成，任命他为军委先遣工作团主任，大力筹集物资，支持红军长征。杨至成受命后，立即在遵义、桐梓等地大力筹集粮食和物资，充实红军财政收入，为红军四渡赤水、抢渡金沙江奠定了物质基础。红军翻过大雪山后，杨至成受命在毛儿盖、芦花荡等地筹集粮食30多万斤，保障中央红军通过草地，把这支中国革命精英的损失减少到最低程度。

红军长征到达陕北，杨至成任后勤部长兼一方面军后勤部长，接着又马不停蹄地筹粮筹物，支持红军东征战役和西征战役，扩大陕北根据地。实现了红一、红二和红四方面军胜利会师。三个方面军会师后，杨至成任军委后勤部长兼红一、红二和红四方面军总兵站部部长。

1937年6月，杨至成调任"黄河两延卫戍区"司令员。

杨至成立即带领部队进驻延川、延长两县，保卫延安的东大门。杨至成率领部队在完成任务之余，大力开展生产自救，自己动手种粮食、养猪羊，开发石油，不仅减轻了边区政府的负担，还为边区军民提供了照明用油和汽车用油，为巩固陕北根据地、支持八路军东征抗日做出贡献。

由于在战争中多次负伤，加上长征中的艰难困苦，到陕北不久，杨至成疾病缠身，很难坚持工作了。这时，党中央作出决定，派杨至成、刘亚楼等一批身体不好的高级干部去苏联治病、学习。毛泽东主席对杨至成说，你去苏联，除了治病，还要"学军事、学后勤、学人家的先进经验。治病和学习两个任务都要完成，这对我们打败日本侵略者是大有用武之地的"。

杨至成在苏联治病一段时间，身体得到一定恢复后，就转入苏联陆军大学学习。1940年秋天，共产国际总书记季米特洛夫邀请在苏联陆军大学学习的中共军队高级干部林彪、刘亚楼、杨至成等人参加共产国际监察委员会讨论李德在中国工作期间所犯错误的会议。杨至成在会上作了长篇发言，他用许多事实揭露了李德在中央根据地工作期间，同中共负责人博古共同推行了一条冒险主义路线，导致红军第五次反"围剿"失败和红军长征中湘江突围的惨败。其间，李德负有不可推卸的责任。

1946年1月，杨至成同李立三、袁牧之等回东北，被任命为东北民主联军总后勤部政委。在完成四平保卫战的后勤供给后，迅速率部向北转移，在佳木斯、哈尔滨、鸡西等地建立军工厂36个，建起培养后勤人才的学校5所，大力生产军需产品，培养供给人才，迎接大战的到来，接着率部冒着零下40度的严寒，参加"三下江南四保临江"战役、夏季攻势战役的前线供给，为战役取得胜利作出了贡献。

1948年6月，杨至成调任东北人民解放军军需部长。他迅速对分散在各地的军需工厂进行调整，把各地军需工厂集中在哈尔滨、齐齐哈尔、佳木斯、牡丹江和辽东一带，实行统一领导、统一管理，形成相当规模的后勤生产能力，生产效率比原来提高了一倍多，为辽沈大战作了充分的后勤供给准备。辽沈战役开始后，军需部在两个月时间里就为前线生产冬装120万套，后勤物资源源不断地运往前线。不仅从后勤物资上保证了辽沈战役的胜利，还支援了华北野战军部分物资。

1949年6月，杨至成率领军需部进驻武汉。为支援解放江南各省和巩固新生的人民政权，他马不停蹄地深入基层，在湖北、湖南、河南、江西等地建设军需工厂，建立中南军区后方基地。1950年秋冬，抗美援朝战争爆发，杨至成又投入抗美援朝的后勤保障工作，把最精干的人才、最好的物资送往朝鲜前线。在三年的抗美援朝战争中，中南军区后勤部为中国人民志愿军输送后勤单位46个、5万多人，输送各种物资27万多吨。

1954年2月，杨至成被任命为中南军区第一副参谋长兼后勤部长，9月，奉调进京，组建中国人民解放军武装力量监察部，叶剑英任部长、杨至成、周纯全、陈再道任副部长。1955年9月，杨至成被授予上将军衔。

1957年秋天，毛泽东主席接见杨至成，他对杨至成说："我们奋斗了几十年，革命成功了。但我们国家底子薄，还要建设。搞建设，你是行家，你要在长远方面多想办法，出点点子。你的身体不太好，要注意养息，有了好的身体，才能做好工作啊！"毛泽东主席的话肯定了杨至成的长处，肯定了他的工作，给杨至成很大的鼓励。1958年初，杨至成又奉命筹建中国人民解放军军事科学院。他从北跑到南，整整奔波了一年，终于建成了一座人民解放军的现代化科研城，为人民解放军的现代化建设提供了科研场所。军事科学院建成后，叶剑英任院长，杨至成等人任副院长。

1962年初，杨至成调任高等军事学院（即国防大学）副院长。从这以后，杨至成的身体每况愈下，心脏病已发展到严重程度，不得不停下来休养。"文化大革命"开始后，杨至成不断受到冲击，身心健康受到严重影响。1967年2月3日，杨至成在北京病逝。6日，全国人大常委会、中央军委在京举行追悼会。军委的悼词中说："他的不幸逝世，是我军的一个损失。"

参考书目

1.《侗族百年实录》编委会. 侗族百年实录 [M]. 北京: 中国文史出版社, 2000.

2.《侗族简史》修订编写组. 侗族简史 [M]. 北京：民族出版社, 2008.

3.《贵州省志》编纂委员会. 贵州省志·民族志 [M]. 贵阳：贵州民族出版社，2002.

4. 黄平等. 贵州六山六水民族调查资料选编·侗族卷 [M]. 贵阳：贵州民族出版社，2008.

5. 钟涛. 中国侗族 [M]. 贵阳：贵州民族出版社，2007.

6. 陆中午，吴炳升. 侗族文化遗产集成 [M]. 北京：民族出版社, 2006.

7. 杨晓. 侗族大歌 [M]. 北京：文化艺术出版社，2012.

8. 吴定国，邓敏文. 侗族大歌拾零 [M]. 贵阳：贵州民族出版社, 2005.

9. 湖南少数民族古籍办公室. 侗款 [M]. 长沙：岳麓书社，1988.

10. 杨锡光. 侗耶 [M]. 长沙：岳麓书社，1995.

11. 吴浩. 中国侗族村寨文化 [M]. 北京：民族出版社，2004.

12. 贵州省文化厅. 贵州侗族鼓楼 [M]. 贵阳：贵州人民出版社, 2002.

13. 陈幸良，邓敏文. 中国侗族生态文化研究 [M]. 北京：中国林业出版社，2014.

14. 刘芝凤. 中国侗族民俗与稻作文化 [M]. 北京：人民出版社, 1999.

15. 张国云. 贵州侗族服饰文化与工艺 [M]. 苏州：苏州大学出版社, 2011.

16. 杨祖华. 自然的颜色——中国侗族蓝靛染工艺 [M]. 北京：群言出版社，2013.

17. 吴嵘. 贵州侗族民间信仰调查研究 [M]. 北京：人民出版社, 2014.

18. 李平凡，颜勇. 贵州世居民族迁徙史 [M]. 贵阳：贵州人民出版社, 2011.

后记

　　贵州山川秀美，气候宜人，资源丰富，人民勤劳，风情多彩，文化灿烂。18 个世居民族，和谐相处，共建家园。《贵州世居民族文化书系》正是建立在人类学、民族学、文化学的研究成果基础上，以叙事方式为主，向世人勾勒贵州世居民族文化版图，展示贵州世居民族悠久的历史文化与和而不同的美丽生存，以全新的视角探寻各民族的文化发展轨迹，解读各民族具有鲜明特色的文化事象，诠释各民族充满神奇魅力的新形象。

　　《贵州世居民族文化书系》编委会对书系的宗旨、目标、体例和风格等进行项目论证和定位，负责确定写作大纲，并对书系的组织架构、写作要求和作者物色等进行统筹安排。

　　《鼓楼侗歌·侗族》由贵州省民族研究院进行审读，就政治倾向性和民族、宗教问题进行认真把关。除编著者外，本书的《一个稻作民族的回望》、《侗乡奇俗——贵客拦在寨门外》、《美丽山寨：大利》三部分内容由贵州师范学院历史与社会学院吴靖霞副教授撰写。本书图片得到了贵州省摄影家协会、编著者以及蒋佩芝、粟周榕、吴靖霞、蒋家林、翟向东、袁刚、石峰、胡光华、吴吉斌、张庆刚、杨昌荣、龙耀宏、石庆伟、况在泉、梁学凡等的大力支持（经多方搜寻，仍有部分图片未能寻到作者，作者见书后请与出版社联系）。

　　在此，对所有为书系做出贡献的人士表示衷心的感谢！因编辑水平所限，书中难免有不尽人意之处，恳请读者批评指正，以便图书再版时予以弥补。

《贵州世居民族文化书系》编委会

2014 年 6 月